30位西畫大師陪你線上藝術遊學，QRCode連結作品圖檔

小學生藝術家

【哇！西方美術】

張美智 —— 著

五南圖書出版公司 印行

推薦序 1
「品味」是需要培養的能力

「品味」是看待世界與眾不同的眼光，是世界與我們互動的饋贈。但品味並非得來不費工夫，它需要磨練、需要培養。因此我很欣喜見到本書出版，對學齡階段的孩子來說，這是一本「開眼」之書，也是藝術品味的啟蒙。

許多藝術鑑賞書籍經常將藝術作品拆分為「作者」、「作品」與「創作背景」三個面向賞析。本書則另闢蹊徑，以敏銳觀察及比對、判斷等視覺思維的角度切入，並用富簡練詩意、哲學意涵的文字引導讀者深度統整觀看，見樹又見林。

書中將作品介紹分為四部分，再因應作品特色而擇取書寫：1.直觀描述作品的童語與童詩。2.畫家、作品內容的故事，說明與鑑賞角度。3.媒材技法、解析畫面構成或體驗互動。4.如何去判斷、思考，表達我們對作品的「看法」。

本書活潑的排版及視覺引導，對於啟發讀者的觀察力、感受力、聯想力大大有益，容易連結生活經驗，拉進和藝術作品的關係，進而提升藝術與美感的感受力。

作者美智老師採取和讀者雙向交流與互動的方式撰述，兼顧兒童心理、生理、認知發展，旁及藝術家、藝術品在美術史上的地位及普遍評價，同時提供的線上藝術館／QR code 圖錄，也適合兒童自主學習及家長、教師教育實踐參考。

推薦這本好書，給 8 到 12 歲的學生及所有喜愛藝術的人，讓《小學生藝術家【哇！西方美術】》成為你與藝術之間的橋梁。

臺師大美術館執行長

推薦序 2

為生命加上美好的濾鏡

孩子對藝術的欣賞能力，會隨著年齡和經驗的增長而逐步發展。他們的反應往往是直覺且富有情感，但隨著認知能力和理解力的提升，觀察作品的方式也會變得更具深度與批判性。

大約 6 歲的孩子，通常對鮮豔的色彩、簡單的形狀和具體的形象特別感興趣，例如：動物、人物或帶有故事情節的畫面。他們評判一件作品的好壞，往往依據個人喜好，例如：自己最愛的顏色或形狀，直覺地表達對藝術的感受。

到了 8 至 12 歲之間，孩子的藝術鑑賞能力變得更加成熟。他們開始關注作品的構圖、視覺平衡，甚至對藝術作品背後的意圖產生興趣，嘗試解讀藝術家想傳達的訊息。這時，我們可以與他們討論作品所蘊含的情感、文化背景，甚至引導他們從不同視角欣賞同一件作品，或比較相似的藝術風格，以激發更深入的思考。

藝術是一種獨特的表達方式，能觸動心靈，讓我們在繁忙的生活中找到片刻寧靜與啟發。孩子們隨著自身的成長與學習，將與藝術建立更深層的情感聯繫。欣賞一幅畫作的過程，宛如進入一個全新的世界；透過藝術，我們不僅能表達內心情感，還能與他人建立深刻的連結，分享彼此的故事與經歷。

讓藝術為生命增添美麗的濾鏡，就從這本書開始。

國立臺南大學視覺藝術與設計學系專任教授、文化部公共藝術視覺藝術類專家學者
財團法人樹人獎學基金會董事

到藝術的世界探險

　　由於網路資源應用的普及，全球有許多博物館基於文化藝術推廣，於是系統化的開放館藏圖像資源，增加文化近用與共享的機會，希望全人類能夠親「近」的運「用」藝術作品並創造知識。

　　接續《小學生藝術走讀》、《小學生設計走讀》、《小學生攝影走讀》之後，本書聚焦開放圖庫與進入公眾領域（PD, Public Domain）授權的藝術作品，探討西方畫作。

　　由於期許能在網路上快速地找到相關資源，供親師生細觀與鑑賞，書中也提供畫作的網路連結。主要運用藝術作品搜尋工具「Artvee」，這個網站蒐集來自全球各地美術館、博物館的藝術數位館藏作品，而且大部分的藝術品皆為公眾領域（Public Domain）授權，可以免費下載，自由運用於個人或教學。

　　鑑賞學習發展至今，已經不只是認識藝術家、藝術品、美術史等知識性的學習，更重要的是透過直觀、感知及主題、造形、媒材的探討，進行文化、社會、環境與人生觀的交流；是能和生活經驗結合，成為視覺學習策略及提升視覺思維能力的學習方式。

　　將閱讀加乘鑑賞、思考與表現，四合一效應：讓我們一起進入大師的作品中探險，開啟全新的生命視野。

自序 給孩子的話

送你一雙藝術眼

這本書的數字密碼是 5、6、30，適合想要訓練自己成為具有藝術眼光的人。

裡面有 30 位世界知名的藝術家，6 位組成一個小隊。藝術家們就是各個關卡的關主，他們帶著作品進入以下 5 個關卡等你來挑戰：1. 畫裡的猜謎遊戲、2. 一場勇敢的冒險、3. 捕捉生活的瞬間、4. 整個世界都被顏色淹沒了、5. 你正看著我嗎？

跟著這本書的使者小曉、天添，一邊欣賞作品、一邊闖關，必要時還能掃描 QR code 細細觀察與探究。通過這些關卡，你就能成為具有優秀觀察力的解謎大師、有英雄氣概的小勇士、能引人入勝的說書人、會揮灑色彩的魔法術士以及從眼睛看進心裡的傾聽專家。

讓我送你一雙「藝術眼」，你最想先闖過哪個關卡呢？快開始吧！

張美智

本書使用特色

　　本書提問啟發對圖像的觀察力、感受力、想像力並連結生活經驗。

　　書中以小曉和天添為主角，與讀者共遊，透過鑑賞產生溝通與交流，進而有自己的看法及觀點，是真正能提升藝術涵養與美感素養的一本書。

❶ 標題	吸引兒童的題材

❷ 標題說明	題材與藝術品摘要

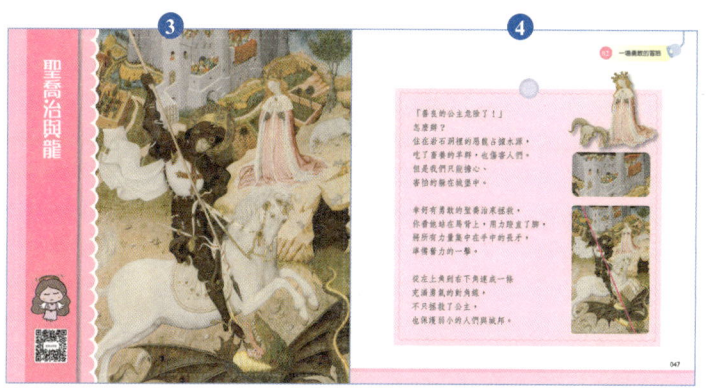

③ **圖片** ｜ QR code 連結網路資源，搭配紙本閱讀，提升自主學習

④ **互動閱讀** ｜ 以精簡的文字帶動觀察及藝術欣賞力

⑤ **圖像思考** ｜ 用眼、動腦、用心並深度欣賞作品

⑥ **創意表現** ｜ 透過語言、文字、圖畫、創作表達想法

⑦ **作品圖錄** ｜ 標示作品資訊

目 錄

推薦序 ... 002
「品味」是需要培養的能力
為生命加上美好的濾鏡

自序 ... 004
給師長的話 / 到藝術的世界探險
給孩子的話 / 送你一雙藝術眼

本書使用特色 ... 006

角色介紹 ... 012

01 畫裡的猜謎遊戲

1. 阿諾菲尼的婚禮（1434）凡·艾克 ... 016
2. 維爾圖努斯的魯道夫二世肖像（1591）阿爾欽博托 ... 022
3. 尼古拉斯·杜爾博士的解剖課（1632）林布蘭 ... 026
4. 宮女（1656）維拉斯奎茲 ... 030
5. 桌上的吉他（1915）格里斯 ... 034
6. 夜遊者（1942）愛德華·霍普 ... 038

02 一場勇敢的冒險

1. 聖喬治與龍（1434-1435）馬托雷爾 ... 046
2. 雪地裡的獵人（1565）布勒哲爾 ... 050
3. 紙牌騙子（1595）卡拉瓦喬 ... 054
4. 神之日（1894）高更 ... 060
5. 有猴群的熱帶森林（1910）盧梭 ... 064
6. 魚的魔法（1925）克利 ... 068

03 捕捉生活的瞬間

1. 西斯汀聖母（1513）拉斐爾 ... 076
2. 倒牛奶的女僕（1660）維梅爾 ... 080
3. 拾穗（1857）米勒 ... 084
4. 在舞台上（1880）竇加 ... 090
5. 彈鋼琴的少女（1892）雷諾瓦 ... 096
6. 早晨日光下的義大利大道（1897）畢沙羅 ... 100

04 整個世界都被顏色淹沒了

1. 巴黎蒙托蓋伊街6月30日的慶典（1878）莫內 ... 108
2. 大傑特島的星期天下午（1884）秀拉 ... 112
3. 從普羅旺斯艾克斯看到的聖維克多山（1904）塞尚 ... 118
4. 維奧萊特・海曼肖像（1910）魯東 ... 122
5. 作品 VII 的片段 2（1913）康丁斯基 ... 126
6. 作曲（1916）蒙德里安 ... 132

1. 維納斯的誕生（1485）波提且利 ... 138
2. 蒙娜麗莎（1503-1506）達文西 ... 142
3. 愛德華六世童年肖像（1538）霍爾拜因 ... 146
4. 拿破崙穿越阿爾卑斯山（1800）大衛 ... 150
5. 戴灰色氈帽的自畫像（1887）梵谷 ... 154
6. 吶喊（1895）孟克 ... 160

05 你正看著我嗎？

線上藝術品─作品圖錄 ... 164

角色介紹

　　小曉和天添是長著翅膀的使者，就像太陽照射到地球的光線一樣，揮舞一下翅膀，能用「光速」飛向任何地方。

　　「小曉」的意思是再「小」的細節都能通「曉」；「天添」則代表每「天」都會新「添」想法與智慧。他們會在你閱讀這本書時，陪伴在你身邊。

現在先來認識他們的獨特之處吧!

光環是思考力、想像力、創造力的象徵,震動代表「我在思考」,發光代表「我想到了!」。

手上的樂器「里拉琴」,是能將詩與歌合一的樂器。只要聽到琴音,就連樹木和石頭也會專心聆聽、心軟落淚。

腰上繫著的一顆藍寶石,內在具有小宇宙空間,與眼睛的瞳孔同色,眼睛所見立即能無時差的儲存於寶石資料庫。

小曉手上的一顆星星,來自於距離地球96億光年的銀河星海,當你心有所感,它能立即接收訊息,並且與你心意相通,變換表情支持你。

013

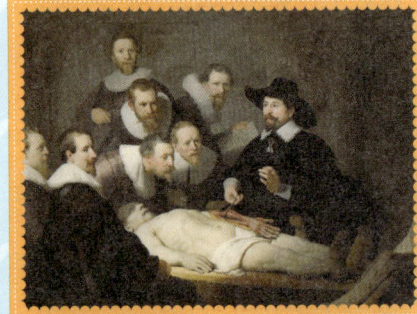

01 畫裡的猜謎遊戲

1.	阿諾菲尼的婚禮 （1434） 凡‧艾克	016
2.	維爾圖努斯的魯道夫二世肖像 （1591） 阿爾欽博托	022
3.	尼古拉斯‧杜爾博士的解剖課 （1632） 林布蘭	026
4.	宮女 （1656） 維拉斯奎茲	030
5.	桌上的吉他 （1915） 格里斯	034
6.	夜遊者 （1942） 愛德華‧霍普	038

雖然一切看起來都非常的合理，裡面卻藏著許多謎題。
必須將每一個細節連結意義，才能深刻了解其中的涵義。
通過這個關卡，你就是一名具有優秀觀察力的解謎大師！

阿諾菲尼的婚禮

01　畫裡的猜謎遊戲

結婚儀式進行中，
新娘微微低頭，嬌羞地凝視著新郎，
牽起手，約定一生相互依靠。
狗兒堅定忠貞地望向前方。

藉著窗戶的光線環顧四周：
窗邊鮮甜的水果、散置在腳邊的木屐與拖鞋，
後方舒適的家具、精緻的吊燈、牆上的圓鏡⋯⋯。

圓鏡？圓鏡裡有什麼？
證婚人就在鏡子裡！

小學生藝術家【哇！西方美術】

　　圖畫裡的時光靜靜的流動，沒有婚宴時我們所熟悉的熱烈與喧嘩，也不像婚紗照的夢幻華美。牆上的圓鏡像另一隻眼睛的瞳孔，反射出不同的角度，原來門口還有 2 個人在觀禮。

找一找，連連看

鏡子中有新郎、新娘的背影和穿紅衣、藍衣的 2 位證婚人。

阿諾菲尼的婚禮　　1434　凡‧艾克

新郎　　新娘　　證婚人

01 畫裡的猜謎遊戲

細細欣賞，說說看這與你印象中的婚禮哪裡不同？畫家這樣描繪的用意是什麼？

代表對感情忠貞的狗

雙雙對對的拖鞋與木屐

代表純潔與純淨的水晶念珠和小掃帚

只點燃一支蠟燭的吊燈，代表婚禮有神的見證。

小學生藝術家【哇！西方美術】

畫中的物件原來都是經過精心設計，也都具有涵義！

如果讓你擔任自己房間的設計師，畫畫看，你要在裡面放置哪些陳設並說明擺設的意義。

陳設物品 1

意義：

陳設物品 2

意義：

01 畫裡的猜謎遊戲

陳設物品 3

意義：

陳設物品 4

意義：

維爾圖努斯的魯道夫二世肖像

01 畫裡的猜謎遊戲

「這是一位幽默逗趣的蔬果先生？」

紅色的蘋果是飽滿的臉頰，
一顆顆晶瑩的葡萄和一支支澄黃的麥穗，
串成美麗的髮型與閃亮的頭冠。

蔬菜是充滿了生命力的綠色衣裳，
斜過肩頭披著的，
不只是美麗的花朵與艷紅的辣椒，
而是掛勳章的綬帶。

在此鄭重介紹：
「其實這一位是讚頌自然的四季之王！」

小學生藝術家【哇！西方美術】

　　畫像中的本人看見作品時，應該下巴都要掉下來了：「這真的是我的肖像嗎？」

　　從來沒想過，請一位藝術家幫自己畫肖像畫，完成後竟然是令自己無法想像的驚訝！先不要談論畫得像不像，竟然還是用花朵與蔬果組合而成。

　　這位藝術家喜愛用植物拼組的方式畫人物，不同的組合表現的長相與年齡就不相同，你能夠分辨嗎？

維爾圖努斯的魯道夫二世肖像
1591　阿爾欽博托

請比較並填入號碼

年長	微笑	活力充沛

自己出題：＿＿＿＿＿＿＿＿＿＿
答案：

一頭四季
1591　阿爾欽博托

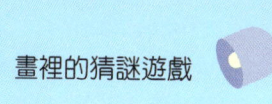

01 畫裡的猜謎遊戲

觀察生活中看見的植物或蔬果，畫畫看，再剪下來，拼拼看。你會運用它們組構成一個人、一張臉、一隻動物、交通工具或建築物？或是你想要用現成的印刷品剪貼來拼組？

試試看，將熟悉的圖像創造出全新的意義吧！

頭髮變書本，髮型酷又顯得聰明。

025

尼古拉斯・杜爾博士的解剖課

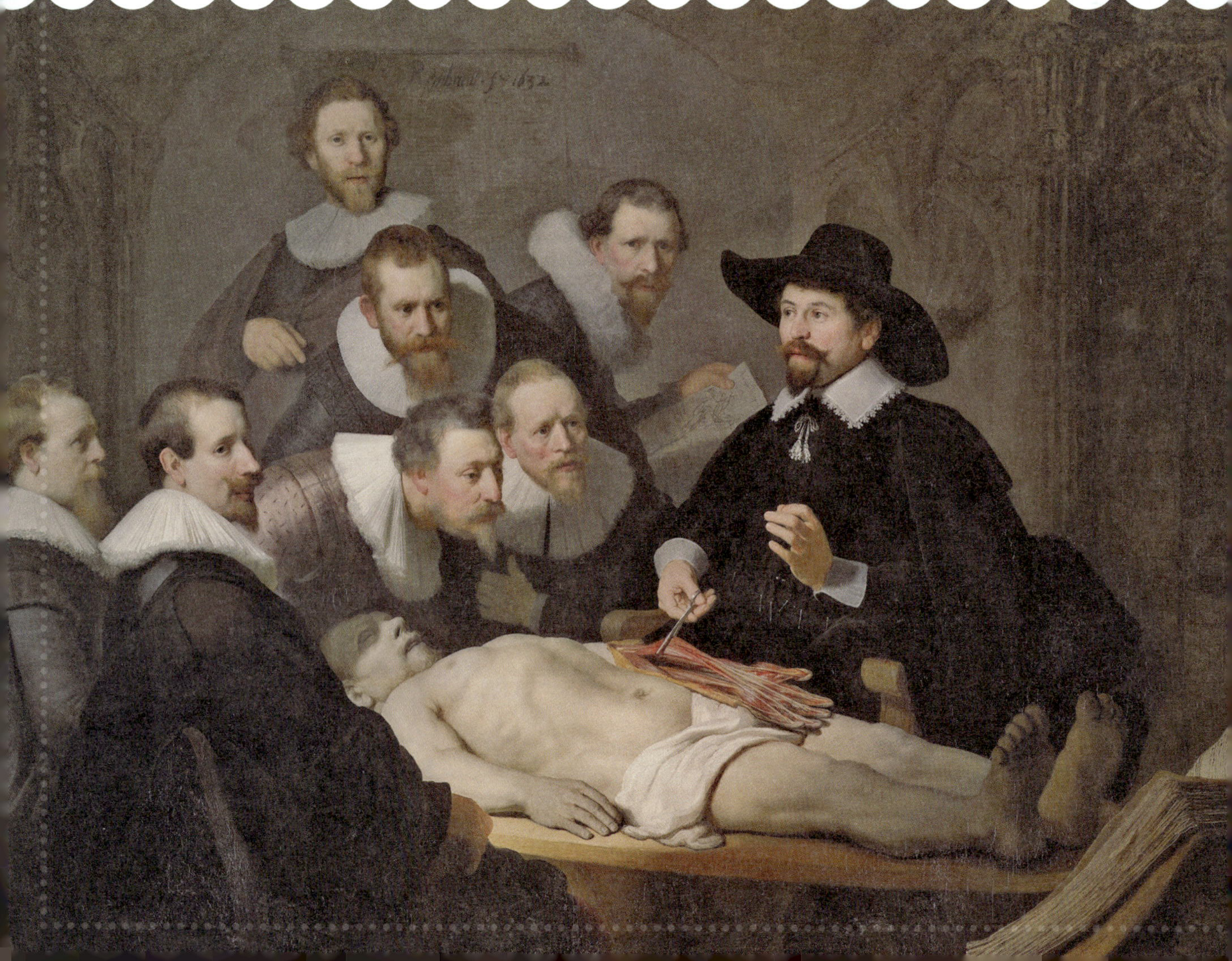

01 畫裡的猜謎遊戲

8個人圍在一起看什麼呢？
右下角有一本展開的大書，我猜：「正在上課！」
「而且是外科醫師們的解剖課！」

最明亮的地方就是學習的重點，
「原來正在說明手臂肌肉的構造與作用。」

戲劇化的光線照在每個人的皮膚上，
肅穆的氣氛讓人凝神專注。
深色衣服與潔白的衣領，
襯托了每一張好奇求知的臉孔。

如果你是老師，
猜猜看他們分別在看什麼？

小學生藝術家【哇！西方美術】

這堂解剖課正在說明人體的手臂肌肉與手指動作之間的關係，所以講師用右手拿夾子牽動肌肉，用左手比畫出手指伸直或彎曲的動作。

畫面中的人物穿著非常隆重的服裝，因為他們可是支付了費用請畫家畫這幅團體肖像畫呢！

你看，每個人都將頭髮和鬍子梳理整齊，衣服的材質與衣領的款式都不相同，眼神觀看的方向也有差異。拿出尺從眼睛到眼神的方向畫一條線，看看畫中人各自關心什麼呢？

連連看

藍點代表視線，黃點代表眼睛關注的物件，請將藍點與黃點連起來。

尼古拉斯・杜爾博士的解剖課
1632　林布蘭

01 畫裡的猜謎遊戲

試著畫幾個人，眼神看不同的方向，接著玩一個互動遊戲，問問別人能不能看出畫裡的人在關心什麼？

觀察眼神能看見更多細節

宫女

01 畫裡的猜謎遊戲

挑高的畫室，巨大的畫架，
一抹光線照亮室內 1/2 的空間。

時光凝結，眼神交會，
是誰打擾了正在進行中的事？
畫家停筆、小公主望向前方。

鏡子魔法揭示答案，
是因為這一刻……
大家注意到國王與皇后。

小學生藝術家【哇！西方美術】

你在畫裡找到幾個方框？包含畫框、窗框、門框與鏡框。

畫裡有好多謎團，與這些框有點關係。

讓過去與現在的時光交會，空間與想像因此無限延伸，是誰？忽然打斷了原來在進行中的事，是國王與皇后嗎？怎麼感覺是因為我穿越時光的到來，所以大家都正望著我呢！

宮女　局部
1656　維拉斯奎茲

01　畫裡的猜謎遊戲

　　方框魔法、鏡子魔法在畫裡展現神奇，找找看生活中的方框在哪裡？能反射影像的物件在哪裡？

　　在畫框中，畫出你的發現！

光亮的金屬也像鏡子一樣

桌上的吉他

01 畫裡的猜謎遊戲

看到什麼？
「有桌子、吉他！」
還有什麼呢？
「樂譜、拼花地磚！」
「還有、還有，是四弦吉他、三線譜！」

這是聲音的猜謎遊戲嗎？
在桌上一層一層疊著的碎片中，
我彷彿聽見「圓點」的彈撥與「曲線」的旋律。

如同偵探找線索一樣,你能夠在其中看見多少物件?空間層層疊疊,像散落的一疊文件,又好像是將一張一張的厚紙疊貼在畫面中。找找看「點、線、面」在哪裡?如何構成這獨特的畫面?

作者應該很喜愛音樂,也可能會彈奏吉他,作品中經常有樂譜與樂器呢!但是每件作品的情境都不相同喔!

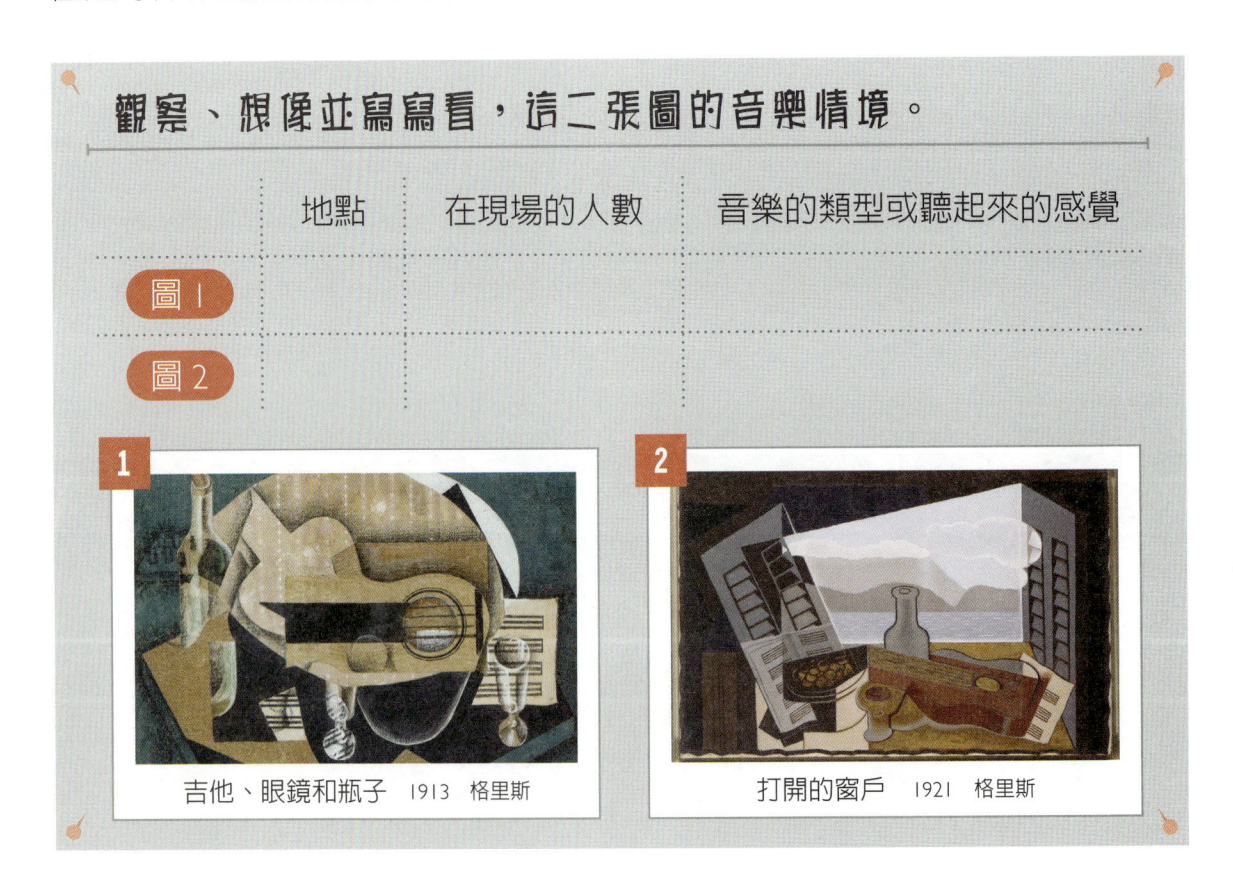

觀察、想像並寫寫看,這二張圖的音樂情境。

	地點	在現場的人數	音樂的類型或聽起來的感覺
圖1			
圖2			

1 吉他、眼鏡和瓶子　1913　格里斯

2 打開的窗戶　1921　格里斯

01 畫裡的猜謎遊戲

想像音樂在生活中何時會出現？或你何時會想要唱歌？

開心、傷心、悠閒……？

騎車、洗澡、玩玩具……？

畫出你喜愛的樂器，或是畫出你正在唱歌的時刻。

夜遊者

01 畫裡的猜謎遊戲

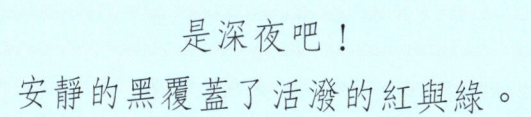

是深夜吧！
安靜的黑覆蓋了活潑的紅與綠。

街道上沒有喧囂，店家的燈光寂滅，
只有轉角一家深夜餐館還醒著。
在敞亮的玻璃空間裡，好像沒有聲音。

人是親近或疏遠？
心是歡愉或孤獨？
環境是清冷或溫暖？
門與出口到底在哪裡？
大家安靜的坐著，腦海卻在不同的世界湧動。

小學生藝術家【哇！西方美術】

　　曾經在該上床睡覺的時間還醒著，或是假日時全家一起熬夜看影片，露營圍著營火或燈光聊天，在森林裡觀察夜行性動物的生態，到野外觀星……。

　　夜晚有一層神祕的面紗，讓白天熟悉的情境與氣氛變得不同，你感受這幾幅作品大約是幾點的時候？人們的心情如何呢？

我感覺到
這幅畫裡的人的心情……

AM / PM

01 畫裡的猜謎遊戲

　　有人說這位藝術家最特別的地方,是用畫風景的方式畫了人們的內心。換句話說,他同時畫出眼睛看得見的風景,還有人們心裡的風景。說說看,在這些畫中,你看見什麼?可以看見人們的內心嗎?幫他們在對話框中寫出心裡話吧!

小學生藝術家【哇！西方美術】

夜行人的心裡話：

AM / PM

夜影
1921　愛德華・霍普

01 畫裡的猜謎遊戲

狗的心裡話：

女人的心裡話：

男人的心裡話：

AM / PM

科德角之夜
1939　愛德華・霍普

043

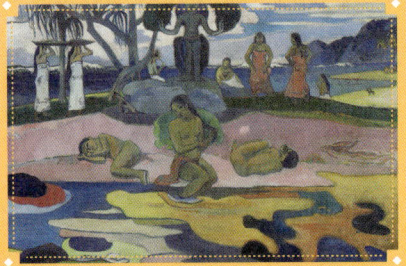

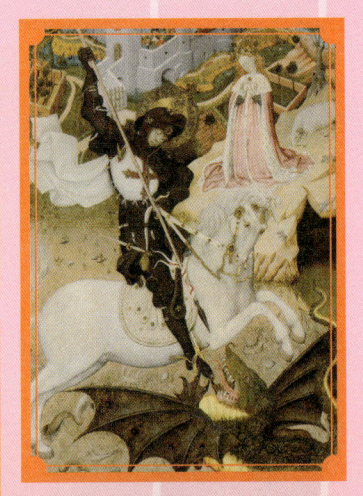

02

一場勇敢的冒險

1. 聖喬治與龍（1434-1435）馬托雷爾　　046
2. 雪地裡的獵人（1565）布勒哲爾　　050
3. 紙牌騙子（1595）卡拉瓦喬　　054
4. 神之日（1894）高更　　060
5. 有猴群的熱帶森林（1910）盧梭　　064
6. 魚的魔法（1925）克利　　068

有點刺激耶！你最想到哪裡冒險？
要馴服巨龍、到雪地打獵、獨自面對騙子、
去南太平洋的島嶼、進入熱帶森林，還要到魚的魔法世界。
通過這個關卡，成為具有英雄氣概的小勇士！

聖喬治與龍

02 一場勇敢的冒險

「善良的公主危險了!」
怎麼辦?
住在岩石洞裡的惡龍占據水源,
吃了畜養的羊群,也傷害人們。
但是我們只能擔心、
害怕的躲在城堡中。

幸好有勇敢的聖喬治來拯救,
你看他站在馬背上,用力蹬直了腳,
將所有力量集中在手中的長矛,
準備奮力的一擊。

從左上角到右下角連成一條
充滿勇氣的對角線,
不只拯救了公主,
也保護弱小的人們與城邦。

小學生藝術家【哇！西方美術】

　　「聖喬治與龍」的傳說經常出現在藝術家繪畫的題材中，也出現在早期的金屬錢幣上。

　　傳說歐洲有一座城堡，堡主的女兒具有美德又善良。在城堡的附近住了一隻惡龍，牠不只吃了許多動物，有時還會吃人，甚至要求堡主將公主獻給牠。就在所有人都懼怕、哀傷與絕望的時候，幸好有騎士聖喬治的到來，他帶著滿滿的勇氣與力量將凶殘的惡龍剷除。

聖喬治和公主的表情都非常安詳、鎮定，勇於面對、沒有恐懼。

地上都是惡龍吃完食物後，遺留下來的骨骸。

惡龍巨大的嘴中有滿滿尖銳的利齒，
牠銅鈴般的大眼直狠狠地盯著獵物，
爪子及舌頭的動態……
「聖喬治！危險啊！」

048

02 一場勇敢的冒險

　　這幅作品彷彿是繪本故事書，仔細欣賞畫面的細節就能讀完一篇勇者愛護弱者，以及為人們帶來希望的故事。

　　你也試著將喜愛的故事畫出來，說故事給我們聽吧！

故事的名稱：
故事的角色：

雪地裡的獵人

02 一場勇敢的冒險

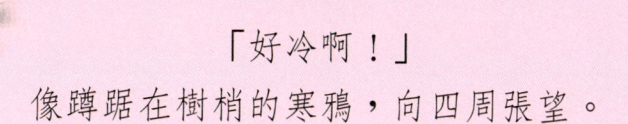

「好冷啊!」
像蹲踞在樹梢的寒鴉,向四周張望。

冬眠的大地披著厚厚的一層白雪,
十幾隻疲憊的獵狗、腳步沉重的獵人,
吸引了我的目光。

從前景、中景到遠景,
小店溫暖的火光、輕快滑冰的人們、
山坡與道路交錯的線條、險峻的山脈。
越看越遠、越看越遠,
好想跟隨天空一隻長尾巴的喜鵲一起飛出去!

小學生藝術家【哇！西方美術】

　　冬季的狩獵、滑冰，秋季的收割、午餐，藝術家將平凡的日常化為親切的生活紀錄。

　　能將生活百態畫出，雖說需要技巧，但也必須出自於關心。透過作品能感受到藝術家滿滿的愛心，所以才能發現生活中這麼多有趣的細節！

遠景

中景

近景

收割者
1565　老彼得・布勒哲爾

欣賞近景中的人，彷彿自己也成為其中的一員，他們就像是鄰居親切的叔叔、伯伯、阿姨們。

02　一場勇敢的冒險

藝術家不僅觀察與描繪，同時經營畫面，將純白的畫布變成深遠的世界。

仿照左圖用線條標示這張作品的近景、中景、遠景，畫畫看，再分別欣賞吧！

雪地裡的獵人　1565　老彼得・布勒哲爾

紙牌騙子

02　一場勇敢的冒險

像偵探般的觀察光線、手勢與表情，
「他們玩著遊戲，卻藏著許多祕密！」

左邊的人專心致志，
右邊的人偷偷摸摸，
中間的人張大眼睛偷瞄。

誰是待宰的肥羊？誰和誰正設下圈套？
一張張撲克牌，是牌局也像是命運的暗示。

這場遊戲，是否稱得上是歷練？
這場騙局，是否你正在參與？
少年獨自的冒險，誰來提醒與拯救？

小學生藝術家【哇！西方美術】

　　有時候會看見電話或網路詐騙新聞，警政單位經常做圖文、影片提醒大家如何預防受騙，還設立反詐騙查詢專線。

　　每個人都自認為自己很聰明，絕對不會傻傻地被騙。但是通常被騙的人其實都不笨，而是因為騙人的人太了解人性、騙術太高明。所以要想自救，最簡單的方法就是不要參與、不要加入、不要結交可能令人受騙的人與事。

　　這些圖畫恐怕就是最早出現的預防詐騙提醒，藝術家將畫裡的人物做非常戲劇與誇張的表現，但是實際上騙你的人可不會讓你發現呢！

　　詐騙這件事原來自古以來就有，看表情、眼睛、動作，觀察詐騙進行的方式。

02　一場勇敢的冒險

連連看，推測出誰是受害者？誰是詐騙者？

○ 詐騙者　　　　　　　　　　　　○ 受害者

梅花 A 作弊　c. 1630–1634　喬治・德・拉圖爾

小學生藝術家【哇！西方美術】

連連看，推測出誰是受害者？誰是詐騙者？

詐騙者

受害者

紙牌騙子　約 1595 年　卡拉瓦喬

058

02　一場勇敢的冒險

誇張的表情能營造戲劇化的效果，讓自己像導演一樣，畫出人物不同的表情、動態，分享劇場般的畫面魅力吧！

神之日

02　一場勇敢的冒險

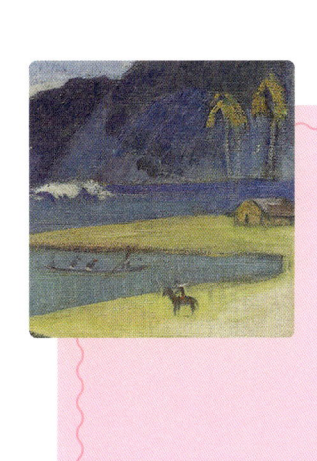

一眼望去，
能看見藍天、白雲、碧海，
陽光下的一切都顯得閃耀、動人。

在黃色沙灘旁的山丘上，
神像莊嚴守護，
儀式虔誠進行。
水邊的人們或坐或躺。

湖水蕩漾出獨特波紋，
紅色、橙色、黃色、藍色，
各種顏色交織在一起，
像一場神祕的色彩盛會。

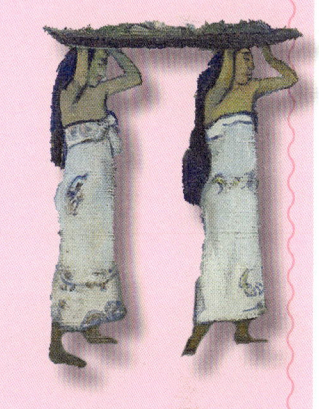

061

小學生藝術家【哇！西方美術】

　　藝術家是一位法國人，他到大溪地島嶼居住 10 年並畫出原住民的生活。透過他的描繪，讓我們感受到土地與人的溫度及生命力。

　　看畫面中的人有健康的體魄、結實的肌肉，穿著用豔麗的布料、簡單剪裁的服飾，加上水果與茂密的樹林，讓人感受到熱帶溫暖的氣候與原始質樸的氛圍。

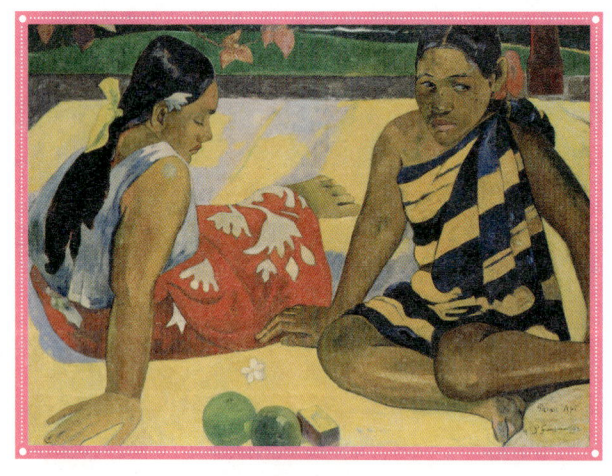

有何新聞　1892　保羅・高更

萬福瑪麗　1891　保羅・高更

02　一場勇敢的冒險

　　臺灣居住著各種族群，其中共有 16 個原住民族，都各有自己的服裝、語言與生活方式。

　　每個族群在服飾上運用的顏色及紋樣各具特色，欣賞並圈選出吸引你的圖紋。

賽德克族　泰雅族　阿美族　排灣族　布農族

卑南族　魯凱族　鄒族　賽夏族　雅美族、達悟族

邵族 　噶瑪蘭族 　太魯閣族 　撒奇萊雅族 　拉阿魯哇族 　卡那卡那富族

063

有猴群的熱帶森林

02 一場勇敢的冒險

沒有人來過的森林深處，
隱藏著一條潺潺的溪流。

植物的葉片層層疊疊各展姿態，
不同種類的猿猴在其中優游自在
的活動著。

「葉子和葉子間的縫隙有什麼？」
「哇！我看見了！」
「有第一隻猴子藏在裡面！」
「還有一條黑蛇盤踞在樹上！」

牠正張開大嘴、露出尖牙、
伸展著身體，
而猿猴們活動著，
沒有意識到黑蛇的到來。

小學生藝術家【哇！西方美術】

　　雖然我們生活在安全的環境中，但還是能夠展開一段奇妙的冒險之旅！例如：當我們翻開一本書、欣賞一幅畫或是按下影片播放鍵，故事中的角色就像好朋友一樣，能帶著我們去探索不同的時空，就算是沒有去過的地方，也能透過想像彷彿身歷其境。

　　不可思議的是這位藝術家完全沒有去過熱帶雨林，卻畫出具有原始與神祕感的作品。畫面如同一股電流，觸動我們想像自己在未知的叢林中探險，使心情變得無比興奮。

赤道叢林　1909　亨利‧盧梭

02 一場勇敢的冒險

　　觀察這位藝術家的 2 件作品，或校園、公園、森林中的植物，欣賞它們的樣貌，畫在下方的格子裡。

如果將這些植物組合成一片叢林，
裡面正發生什麼事呢？讓我們啟動想像力，
分享腦海中神奇與美妙的冒險世界吧！
步驟 1：觀察植物並畫下來。
步驟 2：將植物安排、分布於畫面中，開始想像。
步驟 3：植物與植物之間的縫隙或空白處有什麼事正在發生？

魚的魔法

02　一場勇敢的冒險

是深海還是夜空？是誰在施展魔法？

花兒搖曳生長、魚兒優游其間，
而我，在角落偷看著。

星星、月亮、太陽，
在時間鐘擺「滴答滴答」的聲音伴隨下，
將金光燦爛的神奇粉末散布出去。

左看右看，
在彷彿伸手不見五指的黑暗裡，
忽然顯現絢麗的色彩與迷幻的漂浮。

小學生藝術家【哇！西方美術】

　　這幅畫看起來像魔法書中的一頁，裡面所有的物件都被賦予魔法的力量：加入了天空、海洋與大地的神祕力量，畫面中彷彿有金光閃閃的幻術。

　　哪裡和哪裡很像？讓你產生什麼聯想與感受？

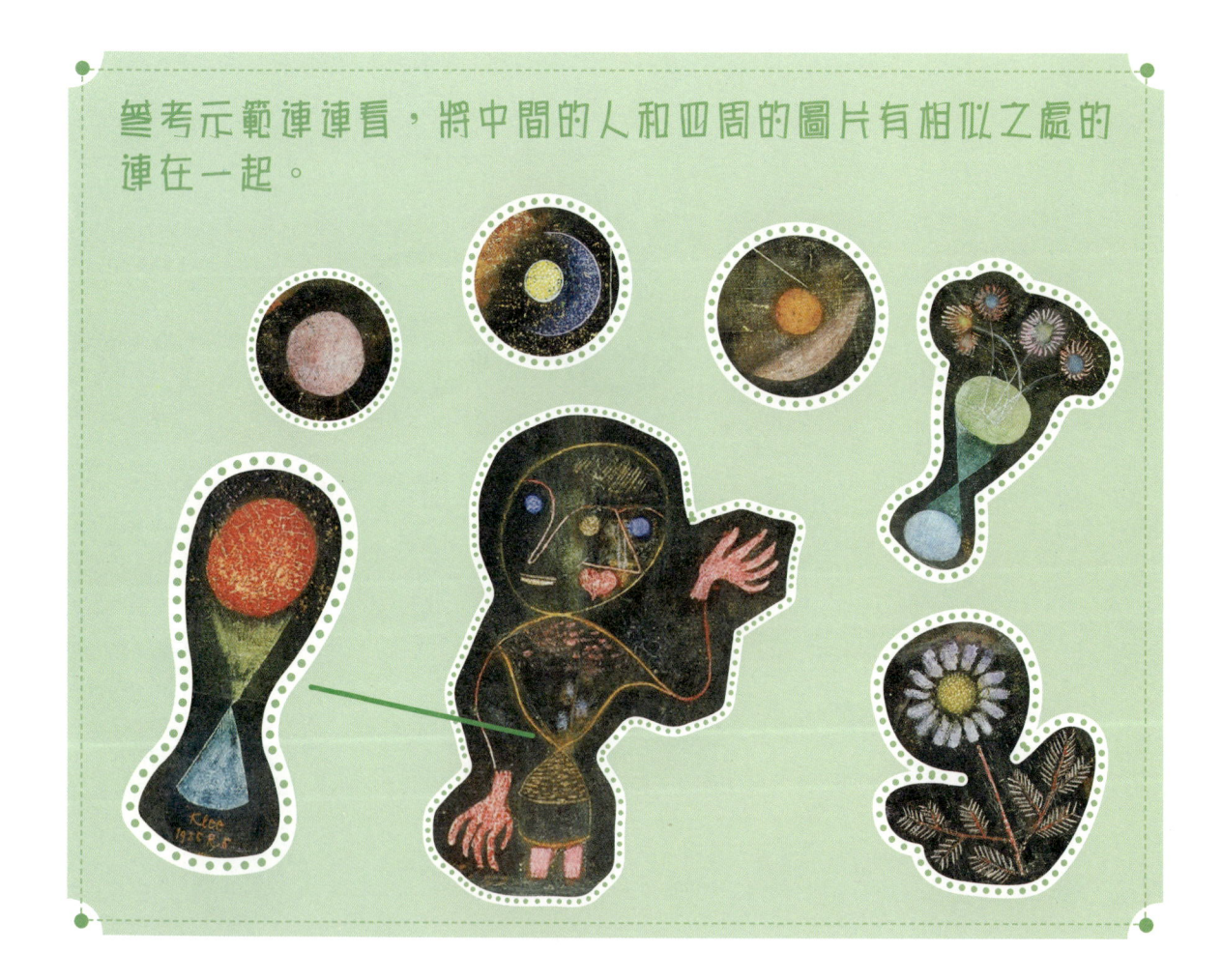

參考示範連連看，將中間的人和四周的圖片有相似之處的連在一起。

02　一場勇敢的冒險

　　這些魚看似簡單，卻有畫家獨特的表現，原來魚兒身上的花紋都是刮出來的！

　　而且發現了嗎？魚兒的一雙眼睛都在同一側，還有像微笑的表情，咦？那是眼睛嗎？像藤蔓的捲旋構造！

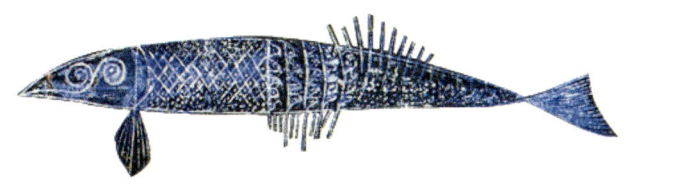

071

你也來試著畫一種大家熟知的生物，但是改變色彩或其中的一部分，讓人耳目一新吧！

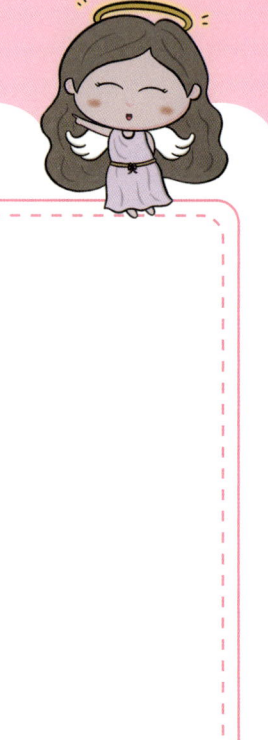

MEMO

03
捕捉生活的瞬間

1. 西斯汀聖母（1513）拉斐爾　　　　　　　　　076
2. 倒牛奶的女僕（1660）維梅爾　　　　　　　　080
3. 拾穗（1857）米勒　　　　　　　　　　　　　084
4. 在舞台上（1880）竇加　　　　　　　　　　　090
5. 彈鋼琴的少女（1892）雷諾瓦　　　　　　　　096
6. 早晨日光下的義大利大道（1897）畢沙羅　　　100

真是讓我太好奇了！
好想看看日常生活是如何成為世界名作？
逗趣的表情，倒牛奶、撿東西的動作，
跳舞、彈琴、逛街，通通都在畫面裡。
畫家像是一位說故事的人，
能將平凡無奇的事物注入豐富的生命魅力。
你也來試試，通過這個關卡，成為引人入勝的說書人！

西斯汀聖母

披著頭巾與穿著藍袍的母親，
溫柔地抱著純潔無瑕的寶寶，
乘著風、踩著雲朵而來。
神聖和溫暖的愛充滿在眼神中。

藍袍，
像夜晚的星空深邃而美麗。
白雲，
像棉花糖一樣柔軟，
讓人忍不住想要伸手觸摸。

兩個可愛的小天使，
趴在前方，
就像鄰家的孩子，
逗趣的動作，偶然被你看見。
你覺得他們在想什麼呢？

小學生藝術家【哇!西方美術】

　　在畫面上方有一條粗鐵線,鐵線懸掛上厚重的窗簾,讓掛在牆上的作品瞬間成為被拉開窗簾的窗戶,我們的眼睛因此擁有超能力,彷彿能穿透牆壁看見外面的空間,將現實和想像串聯起來。

　　圖畫裡的窗戶真神奇,讓畫裡的景像與現場的景像相融,讓我們與畫中人物的眼神互相交流,拉近了視覺與心理上的距離。

　　蓬鬆的雲朵就在眼前,二個小天使面向我們趴在窗框上,脫下的帽子放在窗台上,遠方還露出城堡呢!

右方露出遠方的城堡,展現戶外空間。

左下角,一頂高帽子放在細細的、咖啡色線條的窗台上。

如此逗趣的表情,是在想什麼呢?

03 捕捉生活的瞬間

　　在書裡找出你喜愛的圖畫,用手指在作品上畫畫看,能找到隱藏的線條或形狀?

　　也試著取出空白的紙張,用鉛筆輕輕地畫出三角形、菱形、箏形、方形、圓形、螺旋形……,將畫中的人物安排在預設的形狀中。試試看,不同的形狀是否產生不同的感覺,穩定、莊重、圓滿、活潑……。

　　哇!原來圖畫裡隱藏著線條與形狀呢!

箏形構圖
西斯汀聖母　1512-1513　拉斐爾

三角形構圖
草地上的聖母　1505-1506　拉斐爾

倒牛奶的女僕

03 捕捉生活的瞬間

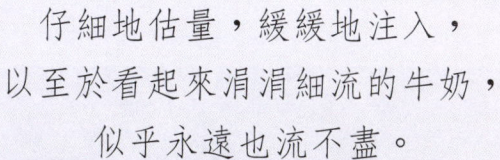

仔細地估量,緩緩地注入,
以至於看起來涓涓細流的牛奶,
似乎永遠也流不盡。

陽光、麵包、暖腳爐,
雖然是寒冷的冬日,
空氣中卻充滿了香氣與溫暖。
群青、灰藍、暗紅、亞麻黃,
主角與桌面的色彩,
讓靜靜流動的時間增添活力。

堅毅的神情、厚實的雙手。
光線灑入廚房,
照映出投入工作時,
神聖與莊嚴的瞬間。

小學生藝術家【哇！西方美術】

倒牛奶的方式非常謹慎，像在估計倒入的量，平凡卻專心的時刻被藝術家記錄下來了。

光線、溫度、香氣，你感受到了嗎？

不同的陶罐、撥開的麵包、籐籃的提把、衣服的布料……展現出材質的美感以及被溫暖陽光照射的樣貌。

放大細看，捲起袖子的手臂膚色有些地方黝黑，有些地方蒼白，顯示出這是經常日曬勞動的手。

乍看一片空白的牆上，其實連釘子、釘孔都沒放過。透過慧眼表現與欣賞，就算是日常也都是獨特的時刻啊！

左上角有釘子還有影子，數數看牆上有多少個釘孔？

| 03 | 捕捉生活的瞬間 |

　　圖畫或攝影是一個靜止的畫面,如何在靜止的畫面中展現時間的流動?

　　千手觀音一樣的手代表忙碌地揮動或工作、漫畫一格一格的圖片代表推進發展的動態情節。

畫畫看,如果是你,
如何在圖畫中表現時間?

例如:漫畫的格子就是時間與情節的發展

例如:忙碌的媽媽每天要做好多事

083

拾穗

03　捕捉生活的瞬間

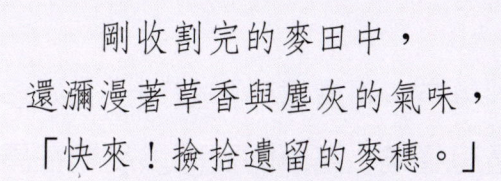

剛收割完的麥田中，
還瀰漫著草香與塵灰的氣味，
「快來！撿拾遺留的麥穗。」

彎腰俯身的動作，
讓藍、紅、黃的頭巾上上下下的躍動著。

女生們出動了，
工作圍裙反摺在後方打個結，
就是魔法口袋。

「再撿多一些吧！」
這些都是餐桌上珍貴的食物。

因為近大遠小及突顯主題的描繪方式,所以前方細節清晰、色彩豔麗,後方物象模糊、灰濛濛暗淡,因此大部分的人都只看見三位婦女辛勤拾穗的身影。

但是請將視線移到後方,將會意外的發現「有好多人喔!」、「原來是收成工作的現場」,還有整堆、整車的麥穗以及騎在馬上指揮工作的人。這時就會有人問了:「拾穗的人為什麼距離他們那麼遠?」、「是因為節儉與愛惜食物,所以被安排拾穗的工作嗎?」

其實這是畫家刻意的取材,他不畫豐收的場景,卻表現貧窮人家撿拾地主收成後遺留的麥穗。好像在提醒我們不將作物全數收走而保留給窮苦的人們飽餐的心意,同時也讓我們感受到貧富的差距,與激發同理、關懷的心胸。

從左而右看背景,雖然很模糊,但還是能辨識,除了地面上有人,像小山一樣的草堆上也有工作的人。

03　捕捉生活的瞬間

這一區工作的人非常多,除了滿載收成的馬車,還有許多人彎腰、跪伏在地面整理農作物。

小學生藝術家【哇！西方美術】

更遠的地方有未收割的麥子，因此遮擋房屋部分的牆面。

03　捕捉生活的瞬間

拾穗的 3 個人，呈現出不同的拾穗動態。

畫畫看：我們也來觀察生活中工作的人，發現與體貼他們的辛勞並表現同一種工作、不同的動作或動態吧！

在舞台上

03　捕捉生活的瞬間

像個幕後的工作人員，
屏住呼吸，貼近舞台。

最前方的舞者即將舞出視線，
髮梢幾乎要擦過我的臉頰。

她們的表情專注，
在舞台上閃耀著光芒。

輕盈的裙擺，
像一朵朵盛開的花瓣，

強烈的燈光投射後方的舞群，
旋轉的肢體與光影交織，
形成一陣陣流動的風與炫目的優雅。

小學生藝術家【哇！西方美術】

　　畫中的筆觸有一點像粗粗的蠟筆痕跡，藝術家習慣使用一種名為「粉彩」的繪畫用具，它確實像蠟筆。但是在製作與混合材料時，比起蠟筆調和更少的油與蠟，呈現較為粉質的樣貌，所以在這裡可以看出舞者的服裝、背景的描繪顯得輕柔夢幻。

　　畫家的空間配置很特別，地面上有好幾條筆直的斜線，標示出舞台的地板及空間。你能數出右下角有幾位舞者？那麼多隻手與腳，是誰的動作？

看見木地板的線條及粉彩描繪的質感嗎？

03　捕捉生活的瞬間

從動作與髮色推斷，應該有 4 個人。

在這個視角中，有些人的動作被遮擋，因此僅能看見 4 隻手、5 隻腳的動作。

畫畫看，請完成作品沒有畫出的部分。

093

小學生藝術家【哇！西方美術】

想想看，什麼帶給你輕柔的感覺？花瓣、雲朵、聲音、氣味……，選一張深色的紙，輕柔的畫，用手指將紙上畫好的顏色抹一抹，或是找到感覺輕柔的材料直接製作，表現出你觀察或體驗到的輕輕、柔柔的感覺。

| 03 | 捕捉生活的瞬間

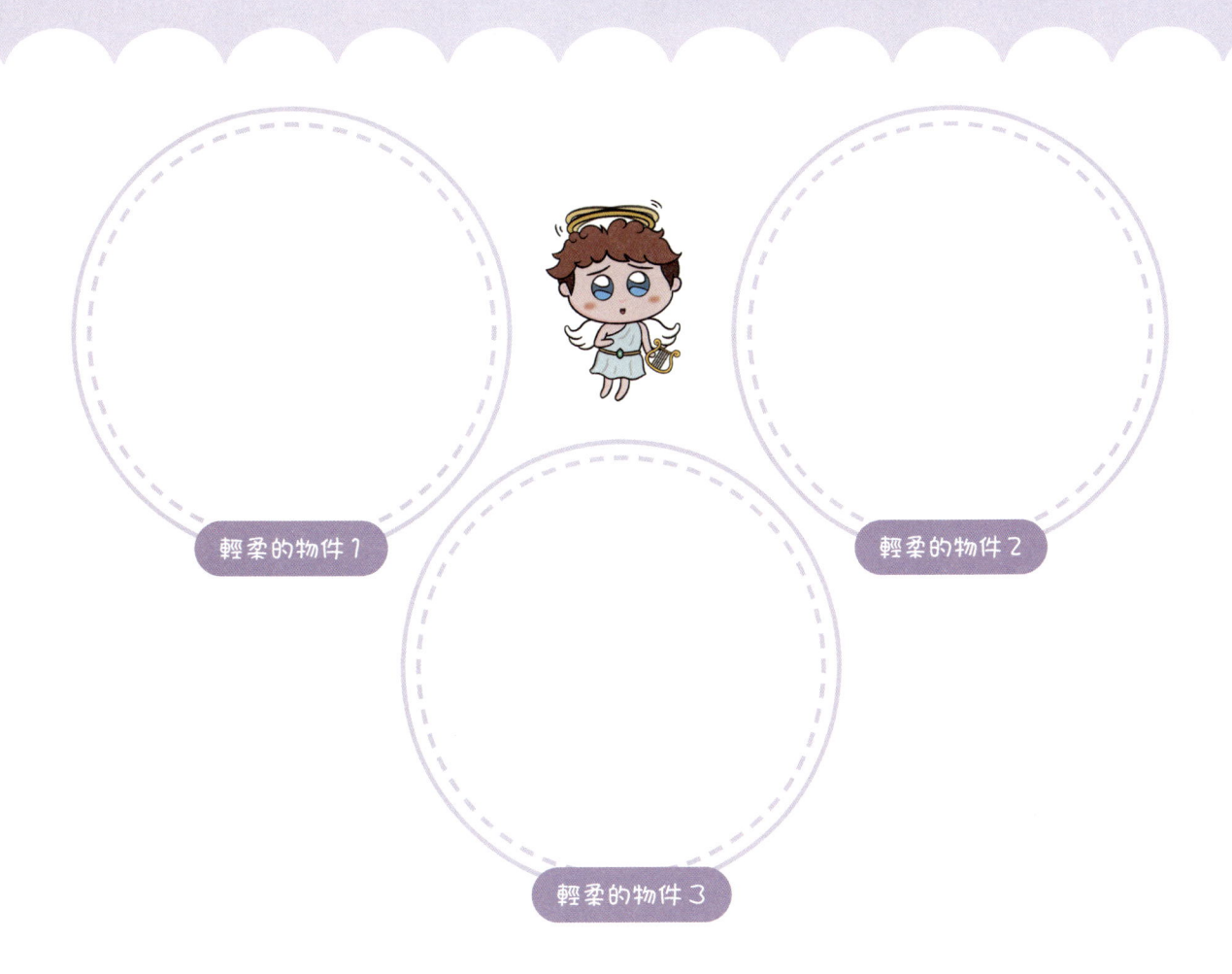

輕柔的物件 1

輕柔的物件 2

輕柔的物件 3

彈鋼琴的少女

我們在家享受愉快的音樂時光。

眼神專注在琴譜上,
表情愉悅地隨口吟唱。
音樂順著柔滑的髮絲、
柔軟的布幔傾瀉。

色彩豔麗的瓶花,
與玫瑰花瓣般的臉頰,
在樂音中同時綻放。
聲音與香氣、溫馨與幸福,
充滿整個空間。

小學生藝術家【哇！西方美術】

「彈鋼琴的少女」是許多音樂教室、琴房最喜愛懸掛的複製畫，而且是唯一，沒有之一。藝術家本人也非常喜愛這個題材，至少畫了 5 個版本。

他的作品之所以雋永且深受喜愛，是因為他把人與人之間的溫馨互動，以及人們愉快的感受封存在畫面中。說說看，這些作品的共通處是什麼？

兩姊妹（在露台上）
1881　雷諾瓦

兩個女孩在讀書
1890-1891　雷諾瓦

彈鋼琴的少女
1892　雷諾瓦

三幅作品的共通處：

098

03 捕捉生活的瞬間

窗簾的布幔、裙子的衣料、頭髮的髮絲，在這裡令人產生精神的鬆弛感，觀察生活中柔軟或懸垂的物件，畫出妳看見的皺褶，發現不同質料的差異性。

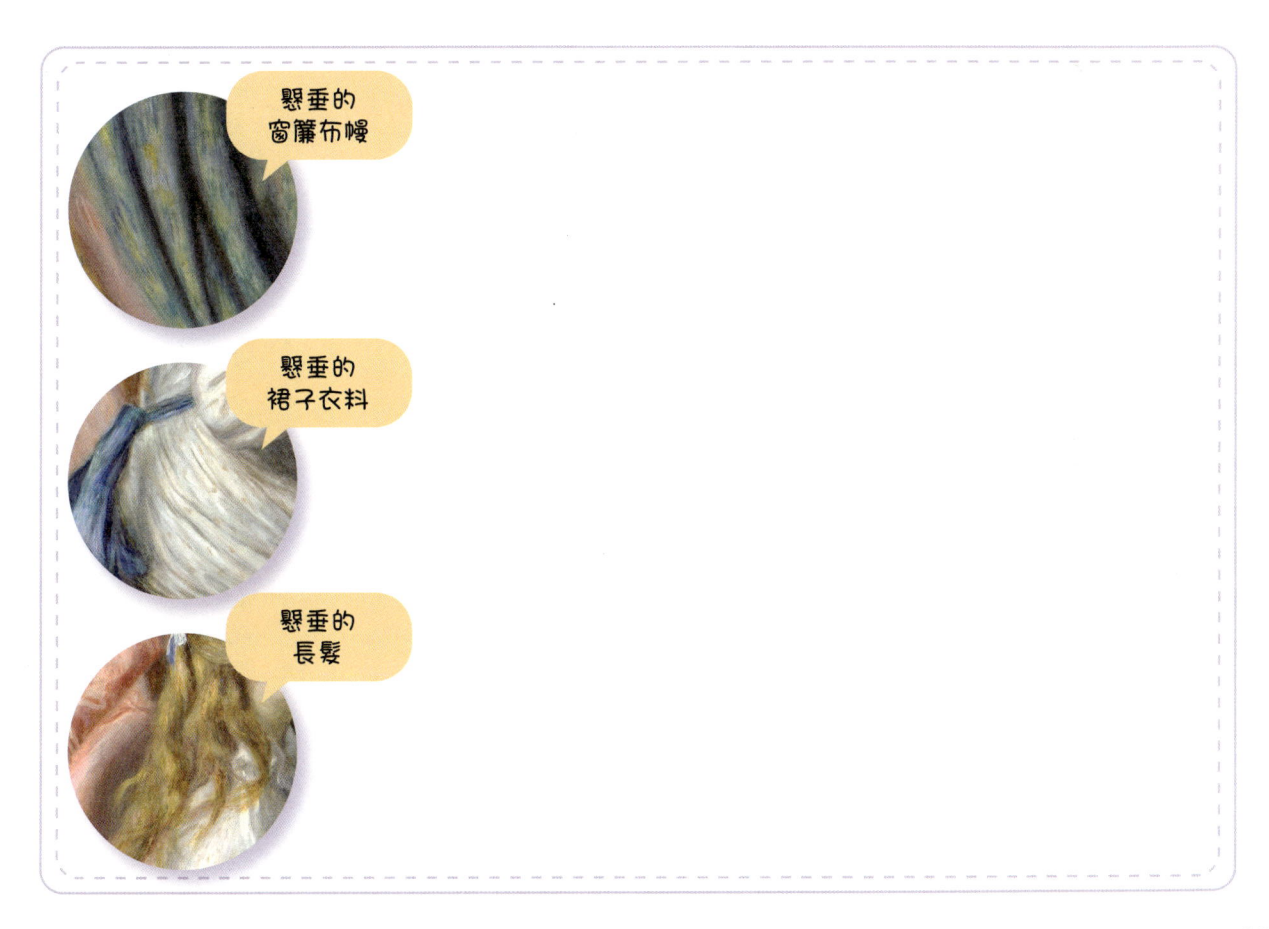

懸垂的
窗簾布幔

懸垂的
裙子衣料

懸垂的
長髮

早晨日光下的義大利大道

03 捕捉生活的瞬間

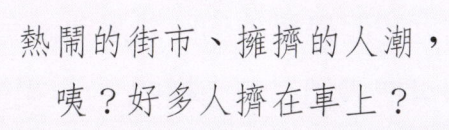

熱鬧的街市、擁擠的人潮,
咦?好多人擠在車上?
「是可以走樓梯上去,坐在車頂的露天馬車耶!」

灰色的建築像一排排高聳的巨人。

是陰天嗎?
仔細看右下角地上的光影明暗對比,
右排樹梢的金光燦爛。
「喔!陽光被樓房遮住,所以街道都位於陰影之中。」

生活的奔忙、城市的繁華,
街道上,人來人往,
像一場生活中歡愉的嘉年華。

除了義大利街景,藝術家也用各種鮮豔的色彩,畫出 19 世紀的巴黎街景。街道上,有許多行人、馬車,還有各種各樣的建築物,讓人感覺到繁華和熱鬧。

這些作品的主題相近,但是描繪的時間及氣候有所差異。畫家運用不同的色彩表現不同的光線,把人們在城市裡的生活場景描繪得非常生動。讓我們不僅僅是看一幅風景畫,也看到了一百多年前充滿生機和活力的法國首都。

法國劇院廣場,霧氣影響 1897 畢沙羅

光在哪裡?拿出鉛筆圈圈看

從這些作品中感受光線、溫度,並推測可能的時間或天氣,說說看,你是從哪個細節觀察到的呢?

03　捕捉生活的瞬間

法國劇院廣場　1898　畢沙羅

103

小學生藝術家【哇！西方美術】

蒙馬特大道，春天　1897　畢沙羅

03 捕捉生活的瞬間

看看窗口、走到戶外,找出生活中特別的光影吧!

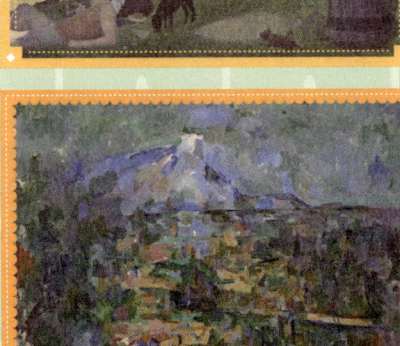

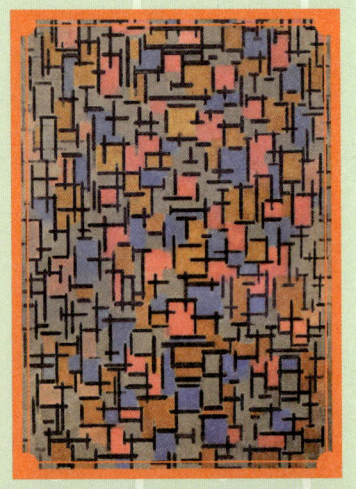

04

整個世界都被顏色淹沒了

1. 巴黎蒙托蓋伊街 6 月 30 日的慶典（1878）莫內　　108
2. 大傑特島的星期天下午（1884）秀拉　　112
3. 從普羅旺斯艾克斯看到的聖維克多山（1904）塞尚　　118
4. 維奧萊特・海曼肖像（1910）魯東　　122
5. 作品 VII 的片段 2（1913）康丁斯基　　126
6. 作曲（1916）蒙德里安　　132

這個世界中，最先吸引眼球關注的是什麼？
其實並不是物件，而是色彩！
顏色是首先能吸引目光的因素。
快跳進彩色世界裡，欣賞顏色、運用顏色。
透過這個關卡，成為色彩的魔法術士！

巴黎蒙托蓋伊街 6 月 30 日的慶典

04 整個世界都被顏色淹沒了

我在高高的陽台向下望,
藍白紅的顏色各具姿態的跳動著,
明亮的天空襯托出歡騰的氣氛。

建築上一豎豎黑色的窗框,
地面上一豎豎黑色的人物。

光線與色彩俏皮穿梭,
我的心情跟著旗海雀躍,
連街道也在狂歡,直到最遠處的消失點。

「是的!萬國博覽會正在巴黎展出。」
科學文明、精湛工藝、人類智慧的結晶,
全是世界矚目的焦點。
在這裡,像飄動的旗海一樣,
任誰都不由自主的感到興奮且充滿自信。

109

用畫筆劈里啪啦的撇上顏色就形成萬物，沒有銳利的邊線、沒有清晰的輪廓、沒有精密的細節，但是一切卻如此自然、生動。

遠看是歡騰的風景，近看是顏色的堆疊，像是被安排好的色彩大隊，站在適當的位置就幻化成為一片風景。

這位藝術家非常喜愛在戶外寫生，有人覺得他畫的作品像腦海中模糊的印象，有人卻覺得這個印象似的圖畫比實際更逼真呢！

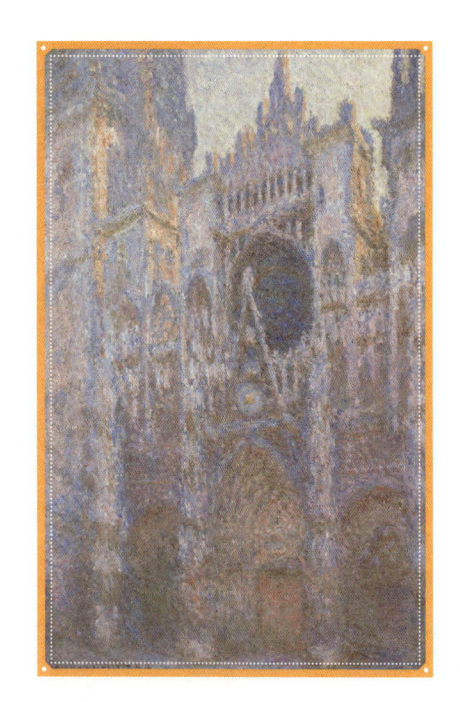

盧昂大教堂，西立面　1894　莫內

睡蓮與日本橋　1899　莫內

04 整個世界都被顏色淹沒了

作品沒有黑色的輪廓線就不好看？今天就是不要描黑線！

儘量運用顏色的深淺、明暗，想像顏色是光，披蓋在畫面裡。

遠一點看、近一點看，都沒問題，今天就讓色彩好好表現！

大傑特島的星期天下午

04 整個世界都被顏色淹沒了

星期天千萬別悶在家裡啊！
你看！光線像細雨一點一點的撒落。
空氣中彷彿充滿著某種神奇的魔力粉末。

一對時髦的紳士、淑女站在陰影之中，
一對母女撐著陽傘，面向我們走來。
還有猴子、小狗，以及河上的船隻。

一切顯得既清晰卻朦朧，
明亮的影像，模糊的細節，
所有的人都沐浴在祥和的氛圍中。

水岸邊的假日，
熱鬧而不擁擠，活潑卻又安靜。
我想，今天就這樣完美度過吧！

畫家刻意把畫面分成了岸上、水面；被陽光照射和陰涼的部分，使畫面構成了鮮明的對比，讓我們的眼睛在其中來回穿梭。

畫面人物雖然眾多，但井然有序。有的站著欣賞風景，有的躺臥在草地，有的並肩行走……，人們在這裡舒適地享受著陽光和微風，數一數：「哇！總共有 40 多人。」

來玩遊戲吧！大家輪流描述與尋找，看誰最快找到畫裡的人、事、物。

大傑特島的星期天下午　1884　秀拉

04 整個世界都被顏色淹沒了

找找看 1

描述：在畫面左上方，岸邊，一個人撐傘欣賞水上風景。

找找看 2

描述：

找找看 3

描述：

115

小學生藝術家【哇！西方美術】

　　找不到直接用筆畫出來的一條線，找不到直接用顏色塗出來的一個面。太喜歡點點點了！這位藝術家的作品全部都是均勻的細點，像用噴霧瓶噴出的顏料布滿畫面。但是畫家可不是用噴霧瓶完成的喔！而是真的用筆，一點一點的畫上去。

　　這是需要多大的耐心啊！原來他研究光線，知道有光才能看見形體、分辨色彩。他想畫出光的模樣，於是就想出這個辦法，你能感受他的用心嗎？你看見什麼顏色的點？

大傑特島的星期天下午（局部）　1884　秀拉

04　整個世界都被顏色淹沒了

也試著用點點來畫圖、上色！

從普羅旺斯艾克斯看到的聖維克多山

04 整個世界都被顏色淹沒了

推開窗,我看見這座山,
走在路上,我看見這座山,
穿過房子與樹林,我還是看見這座山。
山,在一片平坦的葡萄園與紅瓦房中拔地而起。

畫筆是採石器與挖土機,一塊一塊的堆疊,
大地的赭色、山的灰藍色、樹林灌木的綠色。

一塊一塊的建築,
厚實的體積、沉甸甸的重量。

無論物換星移,
我看見的這座山,
是我心中永恆存在的聖山。

山峰的顏色，是深沉和明亮的藍色和紫色，像一塊塊寶石，在陽光下閃耀著光芒。山腳下，是一片綠色的田野，像一塊柔軟的地毯，讓人忍不住想在上面奔跑。

神祕的山峰，像一位沉睡的巨人，靜靜地躺在雲霧之中。田野裡有許多樹木和房屋，還有一條小路，看起來非常寧靜。

你現在一定正在找著：「哪裡是小徑？哪裡是房子？」、「是用畫的嗎？明明好像是貼滿小磁磚。」

前景的樹

遠景的地面、山峰及天空

中景的樹、小路及紅瓦房

從普羅旺斯艾克斯看到的聖維克多山　1904　塞尚

04　整個世界都被顏色淹沒了

　　畫中的風景在法國南方的普羅旺斯艾克斯，山的名字是聖維克多山。這座山是石灰岩地質，雖然只有 1000 多米高，但是因為像富士山一樣，山形突出，而且在畫家的家中就可以看見，所以他畫了幾十幅相關主題的作品。

　　他使用的主要色彩有岩石地層的赭色、天空的藍色、聖維克多山的灰藍色，還有就是樹木、葉子的綠色。因為是塊面堆積的畫法，像磚塊、石塊、磁磚，所以也被稱為「建築式的圖畫」。

　　畫畫看，你也能在格子紋上，像貼磁磚、疊磚塊一樣的方式畫圖嗎？

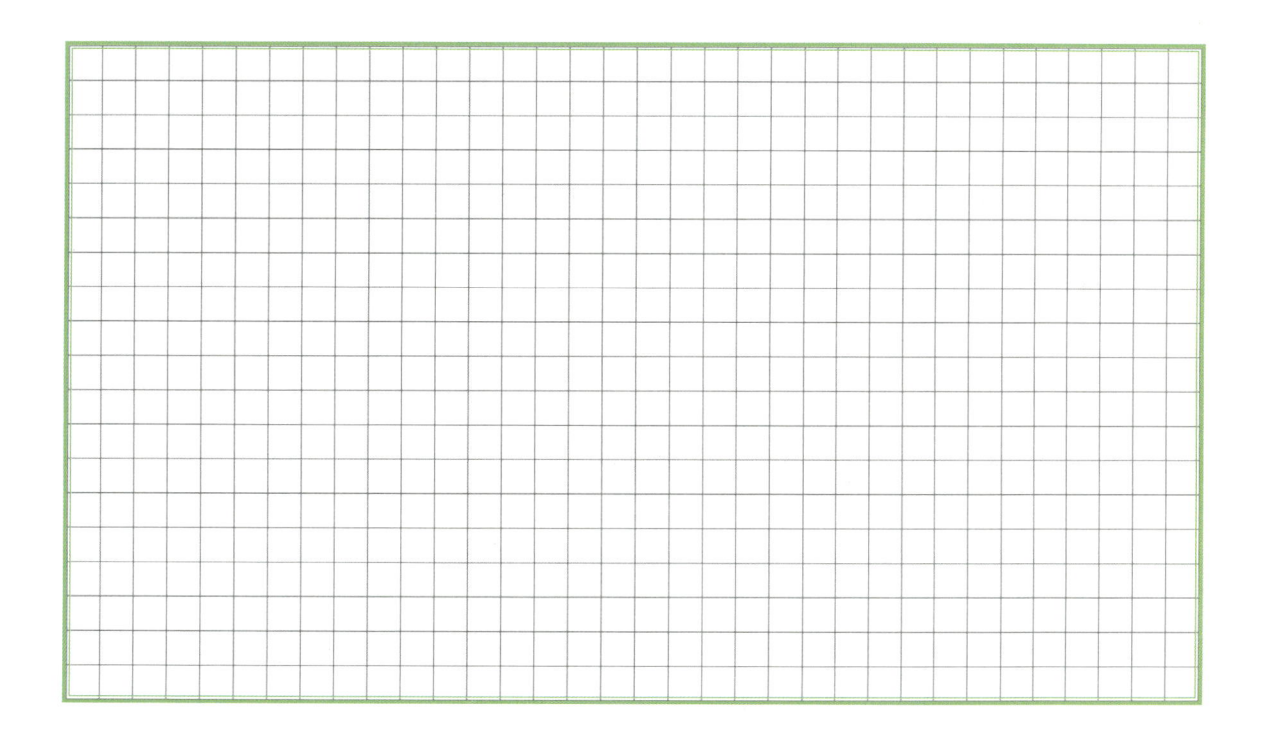

維奧萊特・海曼肖像

04 整個世界都被顏色淹沒了

左上角是花,右下角是我。

花是主角,展現它的美;我也是主角,流露淡淡的思緒。

我們一上一下對話著,
燦爛、豔麗與生意盎然;文雅、溫婉與沉靜纖柔。

坐在花園裡,被色彩包圍著,
噓——安靜,我正獨享大自然神奇且旺盛的活力。

小學生藝術家【哇！西方美術】

　　這位藝術家非常擅長運用植物營造出像精靈世界的神祕感，說說看，為什麼這些花朵與人物在畫裡顯得如此與眾不同？

幻影　1905-1910　魯東　　　　潘朵拉　1858-1916　魯東　　　　佛陀　1904　魯東

04 整個世界都被顏色淹沒了

　　畫中的植物有些有看過,有些像是想像的圖像,所以甚至感覺像是飄浮在空中的浮游生物或精靈。

　　顏色、比例、位置、造形,改變其中一點就能創造獨特,運用這些變化,畫出屬於你的神奇植物!

作品 VII 的片段 2

04 整個世界都被顏色淹沒了

紅色活力旺盛的奔跑，
藍色緊緊的跟在旁邊，
黃色在它們之間跳躍。

纖細的線在滑步，
粗重的線在拖行。

濃厚的、輕薄的，
聚集的、分散的，

將感受融入，
讓色彩成為代言人。

小學生藝術家【哇!西方美術】

　　藝術家用色彩和線條,創造出一個充滿夢幻和神祕的世界。圓形、三角形、方形……,這些形狀看起來好似音樂的節奏,也像是舞蹈的動作,讓人感覺到動感和活力。

　　當你觀賞他的作品時,你會發現,藝術的世界具有無限的可能,充滿了驚奇!

小世界五號　1922　康定斯基

黃色的線條像:

黑色的形狀像:

04 整個世界都被顏色淹沒了

幾個圓圈　1926　康丁斯基

藍色的圓圈像：

畫家用各種鮮豔的顏色，把畫布變成一個充滿想像力的舞台，讓我們看見了藝術的無限可能，也讓我們感受到色彩的魅力。

你還有其他的聯想嗎？與大家分享。

畫畫看，試著創造出色彩的故事！

04 整個世界都被顏色淹沒了

MEMO

作曲

04 整個世界都被顏色淹沒了

如果音樂看得見?
來「看」音樂吧!

畫出我做的曲子,
旋律與節奏都在裡面了,
猜猜看,
用什麼樂器演奏?

溫暖、柔和又輕快,
在空間裡瀰漫著、迴響著。

很適合放鬆心情呢!

「真是一位非常擅長畫格子的藝術家啊!」用黑線把畫布分割成許多大小不一的方格,然後塗上黃色、紅色、藍色等鮮明的色彩。

這些方格看起來像是建築物的窗戶、城市裡的街道,也像是一張巨大的棋盤,讓人感覺到一種秩序和規律。

藝術家用簡單的形狀和顏色,創造出一個單純又耐人尋味的世界。如果作品是表現音樂,你覺得方格子在演奏什麼音樂呢?

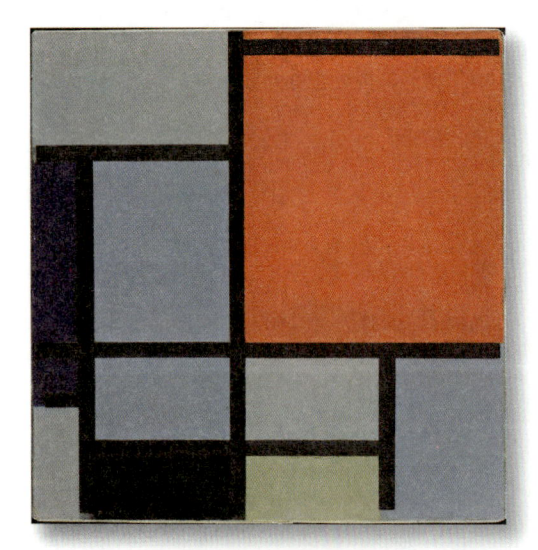

作曲　1921　蒙德里安

藍、紅、黃、黑構圖　1922　蒙德里安

04 整個世界都被顏色淹沒了

大家輪流播放一段沒有歌詞的音樂吧!

聽音樂畫圖時,不同的樂器、節奏、旋律,要用不同的點線面與色彩表現喔!畫完後一起討論,一定很有趣!

如果你的手邊沒有可以播放音樂的設備,也可以用以下的狀聲詞,念念看,發出聲音後,聯想出畫面吧!

逼哩巴拉,碰!
逼哩巴拉,碰!
逼哩巴拉,逼哩巴拉,碰!碰!碰!

換你寫一段聲音,再畫出來。

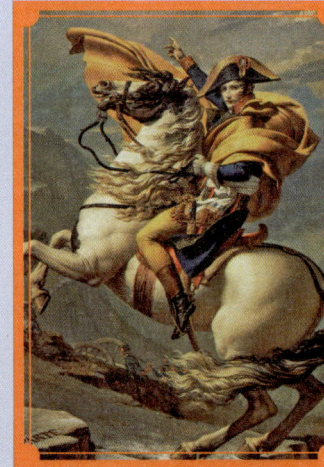

05
你正看著我嗎?

1. 維納斯的誕生（1485）波提且利　　　　　　　　　　138
2. 蒙娜麗莎（1503-1506）達文西　　　　　　　　　　142
3. 愛德華六世童年肖像（約 1538 年）霍爾拜因　　　　146
4. 拿破崙穿越阿爾卑斯山（1800）大衛　　　　　　　　150
5. 戴灰色氈帽的自畫像（1887）梵谷　　　　　　　　　154
6. 吶喊（1895）孟克　　　　　　　　　　　　　　　　160

站在畫前，看著畫中的人，向左向右、向前向後，
好像無論如何移動，他的眼睛都直勾勾的盯著人看！
這時，你也試著投以專注的眼神和他四目相對「看回去！」，
同時感受他的心情，聽見他的心語。
闖過這個關卡，成為從眼睛看進心裡的傾聽專家！

維納斯的誕生

05　你正看著我嗎？

孕育於大海，誕生於貝殼，
如同珍珠般無瑕，出生即是完美。

花神送來芬芳的粉色花朵，
風神將我吹送到岸邊。

春神為我披上輕柔的紅色繡花披肩，
優雅的站立在琉璃般的海水中，
我是愛與美的女神——維納斯。

小學生藝術家【哇!西方美術】

愛與美的女神維納斯從海浪中誕生的神話場景，運用了精細的線條與柔和的色彩，營造出夢幻般的氣氛。背景的海浪和風則增添了動感，彷彿在述說著她的誕生之美。

藝術家的另一件作品「春」畫中的人物如同在舞蹈般優雅，維納斯位於中央，從左而右，周圍是信使、三位女神和春神、花神、風神，維納斯的上方還有蒙著眼睛的邱比特。樹林圍繞著維納斯成拱門的形狀，產生一種和諧、對稱的構圖，象徵著愛與美的圓滿，彷彿在訴說著春天的故事。

同一位藝術家，同樣以維納斯為主角，畫出了二張不同背景、色調、感受的作品，喜歡哪一張？在方格內打勾，說說看理由是什麼？

☐ 維納斯的誕生　1485　波提且利

☐ 春　1480　波提且利

理由：

化身為小小記者吧!今天要準備的報導主題是「我的誕生」。

訪問爸媽或祖父母,找找嬰兒時期的照片與留存的物品,為自己製作一張名為「我的誕生」的作品,記錄自己誕生的故事與大家分享。

小記者工作紀錄

主題:我的誕生

訪問對象:

提問1:

提問2:

提問3:

蒐集到的物件:

報導內容:

寫出想要製作的作品或直接畫下來:

蒙娜麗莎

05　你正看著我嗎?

「你正在看我嗎?」
我坐在室內,
雙手輕鬆的放置在扶手上。
身後獨特的風景像遠古洪荒。

輕柔的氣息,
讓輪廓隱藏在暈染中。
溫和的眼神,神祕的話語,
在笑容裡瀰漫。

身影如同安坐於大地的金字塔,
靜謐且具有永恆的吸引力。

小學生藝術家【哇!西方美術】

　　蒙娜麗莎的臉上好像有淡淡的笑容,她穿著深色的衣服,戴著一頂黑色的頭紗,看起來好優雅!她正用神祕的微笑看著我們,好像在說:「你猜我在想什麼呢?」

　　她的手很漂亮,手指纖細修長,看起來很溫柔。

蒙娜麗莎　局部（1503-1506）達文西

144

05　你正看著我嗎？

如果全班同學或全家人都是肖像畫家，你想幫誰畫畫像？又希望誰幫你畫畫像？或是你想用自己的慣用手，畫出另一隻手的姿態，都可以嘗試看看喔！

愛德華六世童年肖像

PARVVLE PATRISSA, PATRIÆ VIRTVTIS ET HÆRES
ESTO, NIHIL MAIVS MAXIMVS ORBIS HABET.
GNATVM VIX POSSVNT COELVM ET NATVRA DEDISSE,
HVIVS QVEM PATRIS, VICTVS HONORET HONOS.
ÆQVATO TANTVM, TANTI TV FACTA PARENTIS,
VOTA HOMINVM, VIX QVO PROGREDIANTVR, HABENT
VINCITO, VICISTI, QVOT REGES PRISCVS ADORAT
ORBIS, NEC TE QVI VINCERE POSSIT, ERIT.

Ricard. Morysini Car.

05　你正看著我嗎？

好可愛的一位小王子，今年 5 歲喔！

他穿著紅色的衣服，
有金線繡紋，精緻華麗。
頭上戴著一頂紅色的帽子，
有輕柔白羽，隨風顫動。

他的臉像一顆飽滿的蘋果，
他的眼睛像一汪清澈的池水，
自信滿滿，氣宇非凡。

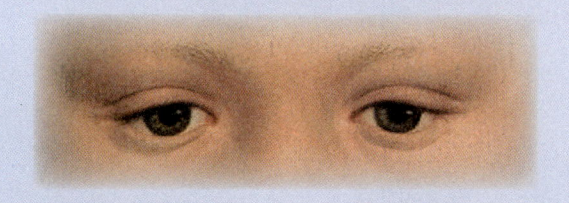

不僅是童年畫像，
更是對未來無限的祝福與期待。

你看,畫面上這位小王子,他穿著紅色的上衣,頭上戴著一頂紅色的帽子,看起來好可愛!他舉起右手,好像在說:「你好,我是英國的小王子!」

他的皮膚白白嫩嫩,長得很結實,看起來很健康。身上穿著繡著金線的華麗衣服,手上拿著一個有柄的金球,看起來很有貴族氣質,畫作反映了當時英國的王室文化與社會背景。

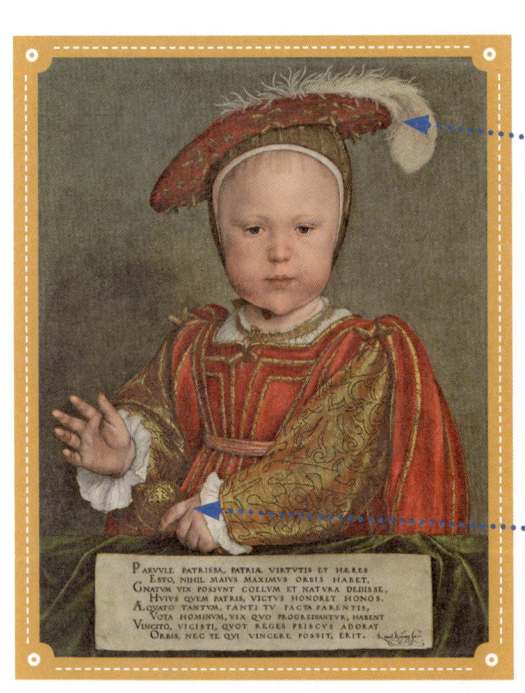

愛德華六世童年肖像
約 1538 年　小漢斯・霍爾拜因

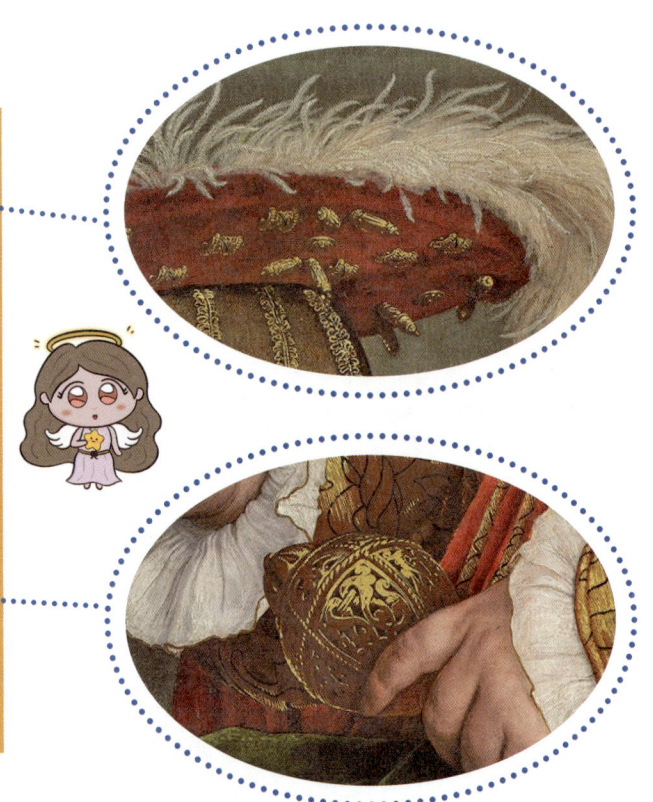

05 你正看著我嗎？

　　畫像比起照片而言要昂貴得多，尤其是在沒有照相機的時代，並不是人人都負擔得起畫像的開銷。所以如果有機會要畫肖像，一定會穿上華美的衣服，佩戴首飾，表現出最隆重的一面。

　　現代很少人畫肖像畫，但是卻時常有機會拍照，而且拍照不一定要沖洗照片，直接在大螢幕中播放，還可以放大細節欣賞，而且每個人都可以輕易做到，真是便利又親民。

　　今天就來裝扮自己或互相裝扮，做不同的造型，不停地按快門，變換姿勢，展現創意、與人互動，應該非常有趣！

拿破崙穿越阿爾卑斯山

沉重而靜默的行進中，
忽然傳來「嘶」的聲音，
是馬兒在咧齒鳴叫。
凜冽的寒風將鬃毛及披風捲向天空，
灰濛濛的雲絮也被吹散成絲。

推著砲車、拖著砲管，
一條長長的隊伍迎難而上，
走這條險阻的路是為了悄悄的奇襲。
仰望英雄的姿態，
壯志凌雲的豪氣。
舉起手臂指向高遠的前方
「走吧！向目標邁進。」

這畫的可是大名鼎鼎的拿破崙！畫面上，拿破崙騎著一匹高頭大馬，正要越過高聳的阿爾卑斯山。他身上披著披風，頭戴著帽子，看起來威風凜凜，好像要征服全世界一樣！他的馬也很帥氣，高高地抬起前腿，眼睛瞪得大大的，看起來很雄壯。

阿爾卑斯山的山壁陡峭，山峰上覆蓋著皚皚白雪，一看就是一條險阻難行的山路。就算如此艱難，看著拿破崙的表情，卻讓我們感受到他堅定的意志、強大的氣勢。

你可能曾經畫過可愛的小動物、搞笑的人物，但是要如何表現英雄？要怎麼畫才能顯示英雄的偉大呢？

拿破崙穿越阿爾卑斯山　局部　1800　大衛

05　你正看著我嗎？

　　你認識的人裡面有沒有令你佩服、覺得了不起的人？他可能並不是世界上有名的人，但卻是你見過他厲害表現的人。例如：在廚房裡展現高超廚藝、開車平穩安全、細心體貼又為他人著想、遇到事情不慌不忙、頭腦清晰⋯⋯。

　　畫一個獎盃或獎座送給他，把他的優點表現出來，讓他知道你看見他的優秀。

我想要表揚的人是（　　　　）　　他的優點：

畫一個獎盃或獎座送給他吧！

戴灰色氈帽的自畫像

在巴黎,
我照著鏡子
畫出自己的右臉。

我的臉,如夜空中的恆星閃爍光芒,
藍色圍繞著我打轉。

以眉間為中心點,
棕色、黃色像煙火,向外迸發。

短促、剛硬的線條表現出堅定的意志。
「我可以的!」
我相信,並且這樣告訴自己。

小學生藝術家【哇！西方美術】

　　這位留著鬍子的先生，戴著一頂灰色的帽子，他穿著藍色的外套、白色的襯衫，看起來很樸素。「這是一幅自畫像喔！」看著鏡中的自己畫圖，一邊畫一邊好像和自己的內心說話。

　　現在看著作品的我們，成為他的朋友，專心地和他對談。猜猜看他要和你聊什麼話題？想要告訴你什麼？

梵谷說：

梵谷說：

梵谷說：

戴草帽的自畫像
1887　梵谷

自畫像
1887　梵谷

自畫像
1889　梵谷

156

05　你正看著我嗎？

請寫一封信給梵谷，說說你的看法與感受並鼓勵他持續畫出更多作品。

我要寫給梵谷的一封信
親愛的梵谷：

_____

_____

_____

_____

_____

_____

祝福您（　　　　　　　　　）

　　　　　（　　　　　）敬上
（　　）年（　　）月（　　）日

157

畫家用粗獷的線條來畫圖，每一幅畫都讓我們感受到線條與內心的世界息息相關。

　　這幅「柏樹」的線條，像火焰一樣向上竄升。雲彩、山巒、灌木、小草都以曲線展現。畫中好像有一股力量，讓所有的物件同時以不同的方向扭動。

　　這樣的畫法讓我們感受到藝術家對生命的熱愛和追求。

　　他正用作品發出邀請：「走進我的藝術世界吧！」

柏樹　1889　梵谷

05 你正看著我嗎?

請用鉛筆將你看見的線條畫出來。

柏樹的線條　（西元：　　　　）（姓名：　　　　　）

呐喊

05 你正看著我嗎？

我和朋友到海邊散步，忽然天空火燒似的通紅。

此時峽灣的藍與天空的紅互相擠壓，
我感到無法呼吸、極度暈眩。

恍恍惚惚的，就在快要受不了的時候，奮力大聲尖叫「啊——」
空氣被我的聲波震盪，我的身體也隨著聲音波動。

叫聲在歪歪扭扭的線條裡迴響著，
但是為什麼聲音只存在這裡，有傳入你的耳朵嗎？

小學生藝術家【哇！西方美術】

　　這件作品有 4 個版本，分別以不同的媒材創作，有蠟筆、粉彩、蛋彩、石版印刷。畫面裡，一個男人，張著嘴巴，摀著耳朵，好像被巨大的聲音驚嚇，又像在尖叫。他的臉，扭曲得像一顆被捏扁的氣球。人物的驚恐和天空的詭異，讓我們感受到一種強烈的情緒。就好像，我們也身處在這個環境中，一起感受著，那份無助和不安。

　　畫家有好幾張作品都畫了類似的場景，你可以把它當作連環圖畫，排列順序，敘說畫裡的故事嗎？

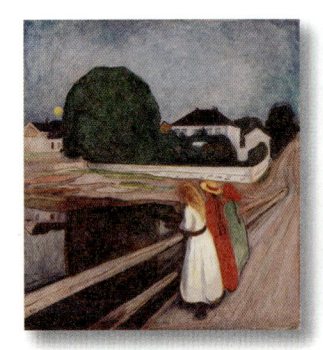

① 橋上的女孩　1901　孟克

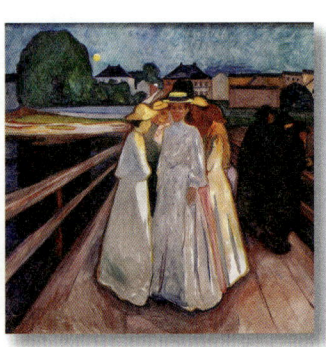

② 橋上　1903　孟克

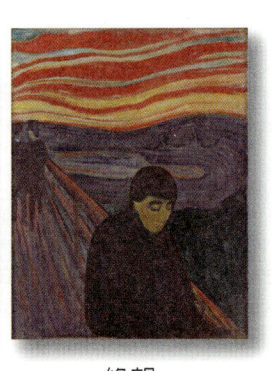

③ 絕望　1894　孟克

④ 吶喊　1895　孟克

我排列的順序：
原因：

| 05 | 你正看著我嗎？ |

我們常說聽見聲音，但是看得見「聲音」嗎？「吶喊」這件作品正是以聲音為主題，將聲音畫出來。

如果是你，會如何畫出一幅有聲音的圖畫呢？

漫畫裡描繪聲音的畫法

線上藝術品－作品圖錄

阿諾菲尼的婚禮　The Arnolfini Portrait (1434)

揚‧凡‧艾克　Jan van Eyck (Flemish, c. 1390-1441)

收藏於國家美術館，英國

維爾圖努斯的魯道夫二世肖像　Rudolf II of Habsurg or Vertumnus (1591)

朱塞佩・阿爾欽博托　Giuseppe Arcimboldo (Italian, 1526-1593)
收藏於斯考克勒斯特古堡（Skokloster Castle），瑞典

小學生藝術家【哇!西方美術】

一頭四季 Four Seasons in One Head (1590)
朱塞佩‧阿爾欽博托　Giuseppe Arcimboldo (Italian, 1526-1593)
收藏於國家藝術館,美國

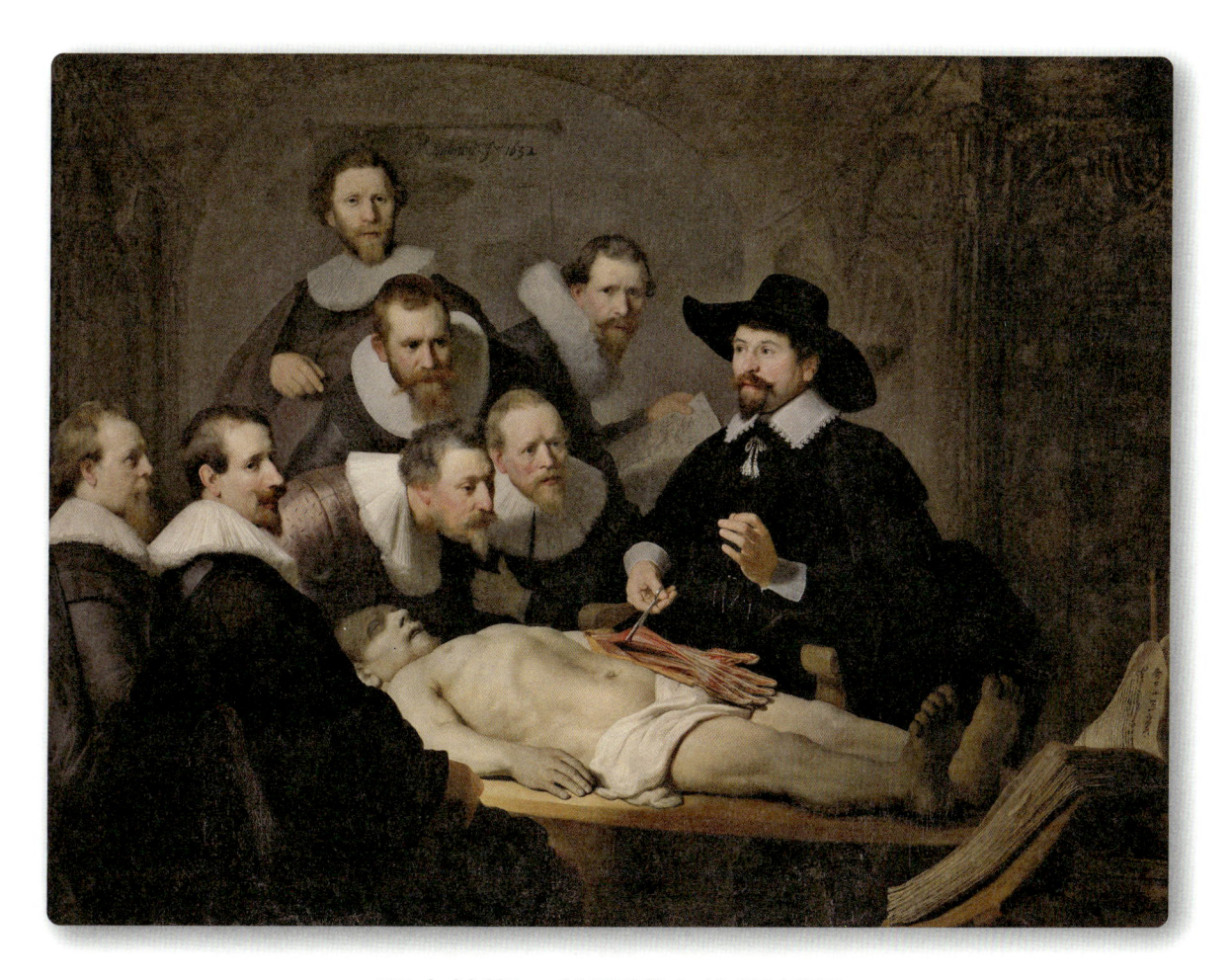

尼古拉斯・杜爾博士的解剖課
The Anatomy Lesson of Dr Nicolaes Tulp (1632)

林布蘭・凡・雷恩　Rembrandt van Rijn (Dutch, 1606-1669)
收藏於莫瑞泰斯皇家美術館，海牙

小學生藝術家【哇！西方美術】

宮女　Las meninas (1656)

迪亞哥・委拉斯奎茲　Diego Velázquez (Spanish, 1599-1660)
收藏於馬德里的普拉多博物館，西班牙

線上藝術品—作品圖錄

桌上的吉他　Guitar on a table (1915)
胡安・格里斯　Juan Gris (Spanish, 1887-1927)
收藏於國立渥特羅庫勒穆勒美術館，荷蘭

小學生藝術家【哇！西方美術】

吉他、眼鏡和瓶子　A Guitar, Glasses and a Bottle (1913)

胡安‧格里斯　Juan Gris (Spanish, 1887-1927)
收藏於國家美術館，愛爾蘭

打開的窗戶　The Open Window (1921)

胡安・格里斯　Juan Gris (Spanish, 1887-1927)
收藏於索菲亞王后國家藝術中心博物館，西班牙

小學生藝術家【哇！西方美術】

夜遊者　Nighthawks (1942)

愛德華‧霍普　Edward Hopper (American, 1882-1967)
收藏於芝加哥藝術博物館，美國

線上藝術品—作品圖錄

夜影　Night Shadows (1921)

愛德華・霍普　Edward Hopper (American, 1882-1967)
私人收藏

小學生藝術家【哇！西方美術】

科德角之夜　Cape Cod Evening (1939)
愛德華・霍普 Edward Hopper (American, 1882-1967)
收藏於華盛頓區國家畫廊，美國

聖喬治與龍　Saint George and the Dragon (1434-35)

伯納特・馬托雷爾　Bernat Martorell (Spanish, 1390-1452)
收藏於芝加哥藝術博物館，美國

小學生藝術家【哇！西方美術】

雪地裡的獵人　Hunters in the Snow (Winter)(1565)
老彼得‧布勒哲爾　Pieter Bruegel The Elder (Flemish, 1525-1569)
收藏於維也納藝術史博物館，奧地利

線上藝術品—作品圖錄

收割者　The Harvesters(1565)

老彼得・布勒哲爾　Pieter Bruegel The Elder (Flemish, 1525-1569)
收藏於紐約大都會藝術博物館，美國

小學生藝術家【哇！西方美術】

紙牌騙子　The Cardsharps (ca 1595)

米開朗基羅‧梅里西‧達‧卡拉瓦喬　Michelangelo Merisi da Caravaggio (Italian, 1571-1610)
收藏於金貝爾藝術博物館，美國

線上藝術品—作品圖錄

梅花 A 作弊　The Cheat with the Ace of Clubs（c. 1630 - 1634）
喬治‧德‧拉圖爾　Georges de La Tour (French, 1593-1652)
收藏於巴黎羅浮宮，法國

神之日 **Mahana no atua (Day of the God) (1894)**

保羅・高更　Paul Gauguin (French, 1848-1903)
收藏於芝加哥藝術博物館，美國

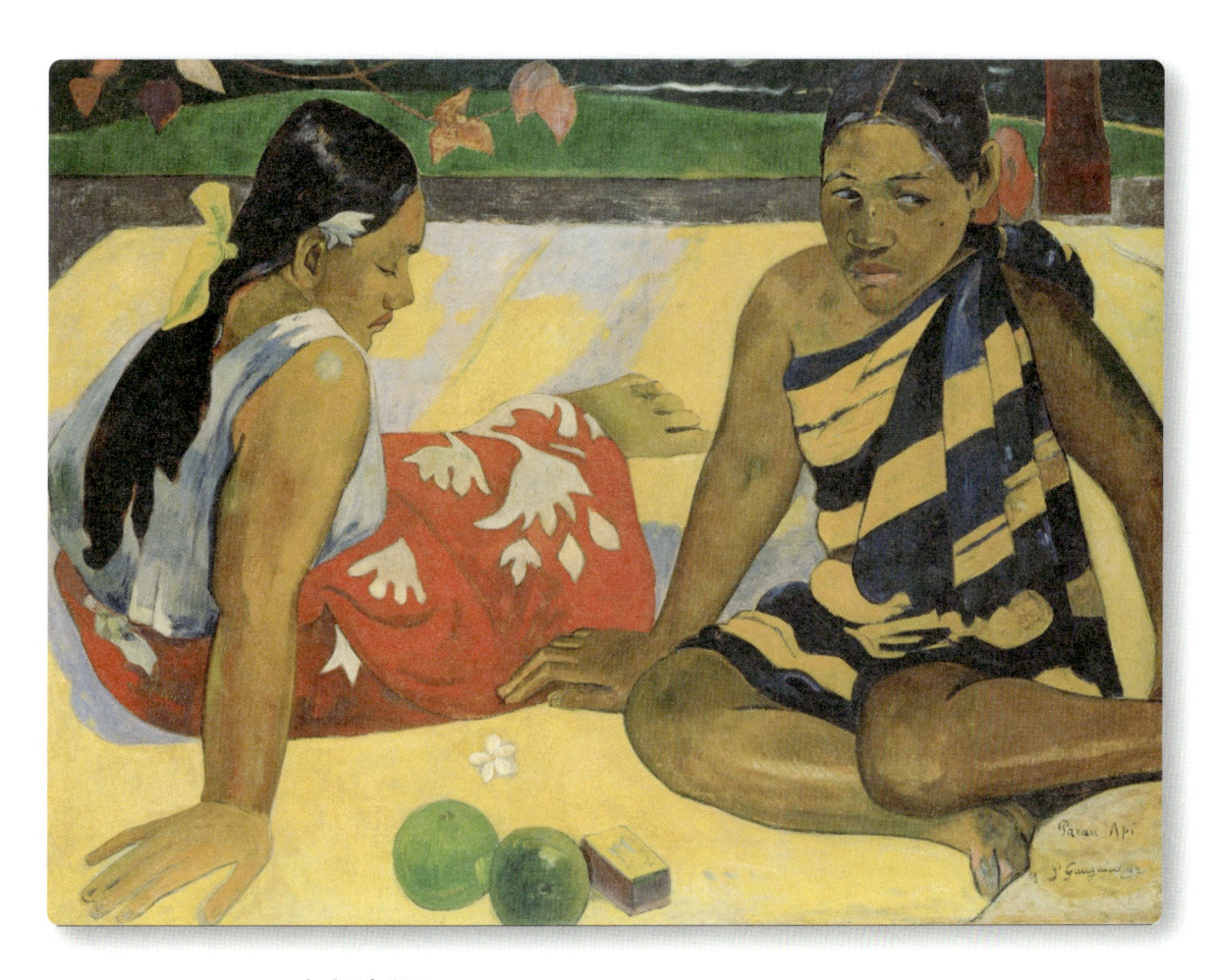

有何新聞　Parau Api. What News (1892)

保羅‧高更　Paul Gauguin (French, 1848-1903)
收藏於德勒斯登國家藝術收藏館，德國

小學生藝術家【哇！西方美術】

萬福瑪麗亞　Ia Orana Maria (Hail Mary) (1891)

保羅・高更　Paul Gauguin (French, 1848-1903)
收藏於紐約大都會博物館，美國

線上藝術品—作品圖錄

有猴群的熱帶森林　Tropical Forest with Monkeys (1910)

亨利・盧梭　Henri Rousseau (French, 1844-1910)
收藏於華盛頓國家美術館，美國

小學生藝術家【哇!西方美術】

赤道叢林　The Equatorial Jungle (1909)

亨利・盧梭　Henri Rousseau (French, 1844-1910)
收藏於華盛頓國家美術館,美國

線上藝術品─作品圖錄

魚的魔法　Fish Magic (1925)

保羅・克利　Paul Klee (German, 1879-1940)
收藏於賓州費城藝術博物館，美國

小學生藝術家【哇！西方美術】

西斯汀聖母　The Sistine Madonna (between 1512 and 1513)

拉斐爾‧珊提　Raffaello Sanzio (Italian, 1483-1520)
收藏於德勒斯登國立藝術收藏館，德國

線上藝術品—作品圖錄

草地上的聖母　Madonna In The Meadow

拉斐爾・珊提　Raffaello Sanzio (Italian, 1483-1520)
收藏於維也納藝術史博物館，奧地利

小學生藝術家【哇！西方美術】

倒牛奶的女僕　The Milkmaid (c. 1660)

約翰尼斯‧維梅爾　Johannes Vermeer (Dutch, 1632-1675)
收藏於阿姆斯特丹國家博物館，荷蘭

拾穗　Gleaners(1857)

尚・法蘭斯瓦・米勒　Jean-François Millet (French, 1814-1875)
收藏於奧塞美術館，法國

小學生藝術家【哇!西方美術】

在舞台上　On the Stage (1876-1877)

愛德加・竇加　Edgar Degas (French, 1834-1917)
收藏於芝加哥藝術博物館,美國

線上藝術品—作品圖錄

彈鋼琴的少女　Two Young Girls at the Piano (1892)

皮耶—奧古斯特・雷諾瓦　Pierre-Auguste Renoir (French, 1841-1919)
收藏於紐約大都會博物館，美國

小學生藝術家【哇！西方美術】

兩姊妹（在露台上）　Two Sisters (On the Terrace) (1881)

皮耶—奧古斯特・雷諾瓦　Pierre-Auguste Renoir (French, 1841-1919)
收藏於芝加哥藝術博物館，美國

線上藝術品－作品圖錄

兩個讀書的女孩　Two Girls Reading (c. 1890-1891)

皮耶—奧古斯特·雷諾瓦　Pierre-Auguste Renoir (French, 1841-1919)
收藏於洛杉磯郡立美術館，美國

小學生藝術家【哇！西方美術】

早晨日光下的義大利大道　Boulevard des Italiens, Morning_Sunlight (1897)

卡米耶‧畢沙羅　Camille Pissarro (French, 1830-1903)
收藏於華盛頓國家美術館，美國

法國劇院廣場，霧氣影響 Place du Theatre Francais,Fog Effect (1897)

卡米耶・畢沙羅　Camille Pissarro (French, 1830-1903)
收藏於達拉斯藝術博物館，美國

小學生藝術家【哇!西方美術】

法國劇院廣場　La Place du Théâtre Français (1898)

卡米耶・畢沙羅　Camille Pissarro (French, 1830-1903)
收藏於洛杉磯郡立美術館,美國

線上藝術品─作品圖錄

蒙馬特大道，春天　Boulevard Montmartre, Spring (1897)

卡米耶・畢沙羅　Camille Pissarro (French, 1830-1903)
收藏於科陶德藝術學院，英國

197

小學生藝術家【哇！西方美術】

巴黎蒙托蓋伊街 6 月 30 日的慶典
The Rue Montorgueil in Paris. Celebration of June 30, 1878 (1878)

克勞德・莫內　Claude Monet (French, 1840-1926)
收藏於巴黎奧賽美術館，法國

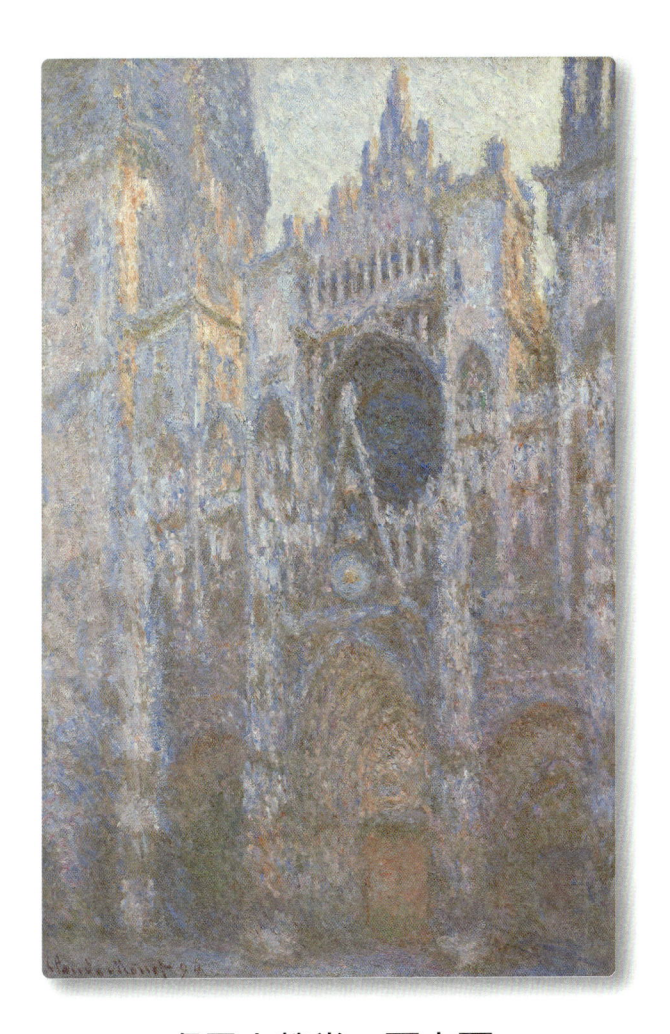

線上藝術品─作品圖錄

盧昂大教堂，西立面
Rouen Cathedral, West Façade (1894)

克勞德・莫內　Claude Monet (French, 1840-1926)
收藏於華盛頓國家美術館，美國

小學生藝術家【哇！西方美術】

睡蓮與日本橋　Water Lilies and Japanese Bridge (1899)

克勞德‧莫內　Claude Monet (French, 1840-1926)
收藏於巴黎奧賽美術館，法國

線上藝術品―作品圖錄

大傑特島的星期天下午　A Sunday on La Grande Jatte (1884)

喬治・秀拉　Georges Seurat (French, 1859-1891)
收藏於芝加哥藝術博物館，美國

小學生藝術家【哇！西方美術】

從普羅旺斯艾克斯看到的聖維克多山
The Mont Sainte-Victoire Seen From Les Lauves (1904)

保羅・塞尚　Paul Cézanne (French, 1839-1906)
收藏於巴塞爾藝術博物館，瑞士

維奧萊特・海曼肖像
Violette Heymann (1910)

奧迪隆・魯東　Odilon Redon (French, 1840-1916)
收藏於俄亥俄州克利夫蘭美術館，美國

小學生藝術家【哇!西方美術】

幻影　Apparition (1905-1910)

奧迪隆・魯東　Odilon Redon (French, 1840-1916)
收藏於普林斯頓大學藝術博物館,美國

線上藝術品─作品圖錄

潘朵拉　Pandora (1858-1916)

奧迪隆・魯東　Odilon Redon (French, 1840-1916)
收藏於休士頓美術館，美國

小學生藝術家【哇!西方美術】

佛陀　The Buddha (1904)

奧迪隆・魯東　Odilon Redon (French, 1840-1916)
收藏於梵谷博物館,荷蘭

線上藝術品—作品圖錄

作品 VII 的片段 2　Fragment 2 for Composition VII (1913)
　　瓦西里・康丁斯基　Wassily Kandinsky (Russian, 1866-1944)
　　收藏於布法羅 AKG 藝術博物館，美國

小學生藝術家【哇！西方美術】

小世界五號　Kleine Welten V (1922)

瓦西里・康丁斯基　Wassily Kandinsky (Russian, 1866-1944)
收藏於舊金山現代藝術博物館，美國

線上藝術品—作品圖錄

幾個圓圈　Several Circles (1926)

瓦西里・康丁斯基　Wassily Kandinsky (Russian, 1866-1944)
收藏於紐約古根漢博物館，美國

小學生藝術家【哇！西方美術】

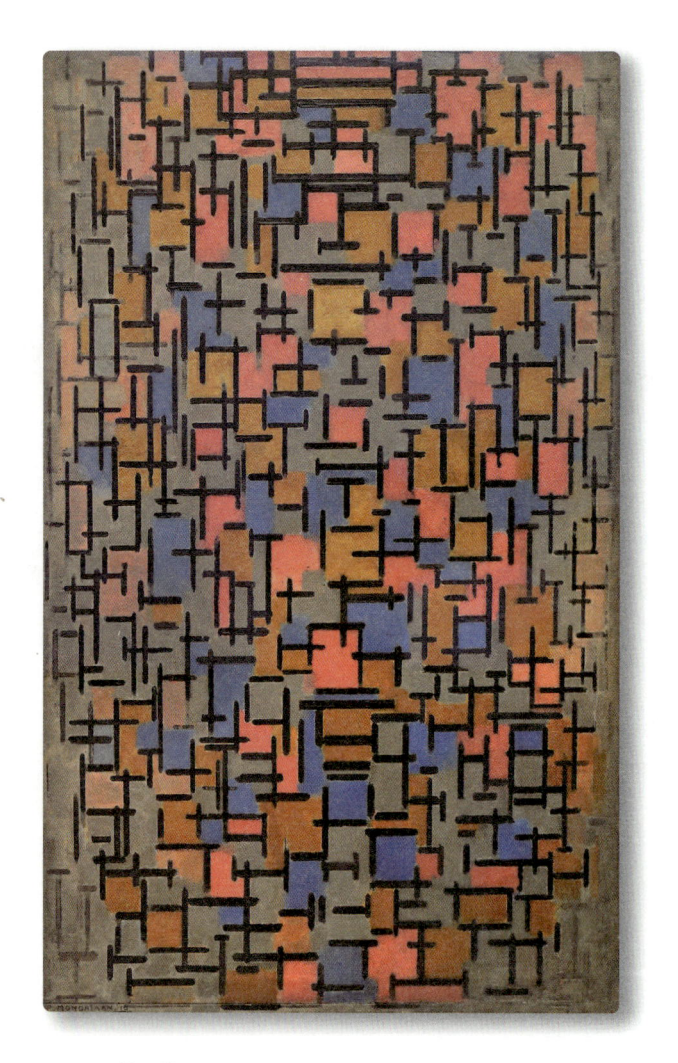

作曲　Composizione (1916)

皮特・蒙德里安　Piet Mondrian (Dutch, 1872-1944)
收藏於古根漢美術館，美國

作曲（1921）

皮特・蒙德里安　Piet Mondrian (Dutch, 1872-1944)
收藏於紐約大都會博物館，美國

小學生藝術家【哇！西方美術】

藍、紅、黃、黑構圖
Composition with Blue, Red, Yellow, and Black (1922)

皮特・蒙德里安　Piet Mondrian (Dutch, 1872-1944)
收藏於明尼阿玻里藝術機構，美國

維納斯的誕生　Birth Of Venus (1485)

山德羅‧波提且利　Sandro Botticelli (Italian, 1444-1510)
收藏於烏菲茲美術館，義大利

小學生藝術家【哇！西方美術】

春　Spring (c. 1480)
山德羅・波提目利　Sandro Botticelli (Italian, 1444-1510)
收藏於烏菲茲美術館，義大利

線上藝術品—作品圖錄

蒙娜麗莎　Mona Lisa (1503-1506)

李奧納多・達文西　Leonardo da Vinci (Italian, 1452-1519)
收藏於巴黎羅浮宮，法國

小學生藝術家【哇!西方美術】

愛德華六世童年肖像　Edward VI as a Child (probably 1538)

小漢斯‧霍爾拜因　Hans Holbein The Younger (German, 1497-1543)
收藏於華盛頓國家美術館,美國

線上藝術品—作品圖錄

拿破崙穿越阿爾卑斯山　Napoleon Crossing The Alps (1800)

雅克‧路易‧大衛　Jacques Louis David (French, 1748-1825)
收藏於馬爾邁松城堡美術館，法國

小學生藝術家【哇！西方美術】

戴灰色氈帽的自畫像　Self-portrait with grey felt hat (1887)
文森・梵谷　Vincent van Gogh (Dutch, 1853-1890)
收藏於梵谷美術館，荷蘭

線上藝術品─作品圖錄

戴草帽的自畫像　Self-Portrait with a Straw Hat (1887)
文森‧梵谷　Vincent van Gogh (Dutch, 1853-1890)
收藏於大都會博物館，美國

小學生藝術家【哇!西方美術】

自畫像　Self-Portrait (1887)

文森・梵谷　Vincent van Gogh (Dutch, 1853-1890)
收藏於芝加哥藝術博物館,美國

線上藝術品—作品圖錄

自畫像　Self-Portrait (1889)

文森‧梵谷　Vincent van Gogh (Dutch, 1853-1890)
收藏於華盛頓國家美術館，美國

小學生藝術家【哇！西方美術】

柏樹　Cypresses (1889)

文森‧梵谷　Vincent van Gogh (Dutch, 1853-1890)
收藏於大都會博物館，美國

線上藝術品─作品圖錄

吶喊　The Scream (1895) 粉彩畫的版本
愛德華・孟克　Edvard Munch (Norwegian, 1863-1944)
私人收藏

小學生藝術家【哇!西方美術】

橋上的女孩　The Girls on the Bridge (1901)

愛德華・孟克　Edvard Munch (Norwegian, 1863-1944)
收藏於國家美術館,挪威

線上藝術品─作品圖錄

橋上　On the Bridge (1903)

愛德華・孟克　Edvard Munch (Norwegian, 1863-1944)
收藏於蒂爾畫廊，瑞典

小學生藝術家【哇！西方美術】

絕望　Despair (1894)

愛德華・孟克　Edvard Munch (Norwegian, 1863-1944)
收藏於舊金山現代藝術博物館，美國

線上藝術品—作品圖錄

吶喊　The Scream (1895) 石板印刷版畫的版本

愛德華・孟克　Edvard Munch (Norwegian, 1863-1944)
收藏於孟克美術館，挪威

國家圖書館出版品預行編目(CIP)資料

小學生藝術家（哇！西方美術）：30位西畫大師陪你線上藝術遊學，QR Code 連結作品圖檔／張美智著. -- 初版. --
臺北市：五南圖書出版股份有限公司, 2025.06
　面；　公分. --（學習高手；256）
ISBN 978-626-423-318-7(平裝)

1.CST: 藝術教育　2.CST: 小學教學

523.37　　　　　　　　　　　　　114003559

學習高手系列256

YY18

小學生藝術家【哇！西方美術】

30位西畫大師陪你線上藝術遊學，QR Code 連結作品圖檔

| 作　　者 － 張美智
| 編輯主編 － 黃文瓊
| 責任編輯 － 李敏華
| 文字校對 － 李雅智
| 封面設計 － 姚孝慈
| 角色繪製 － 蘇亭方
| 出 版 者 － 五南圖書出版股份有限公司
| 發 行 人 － 楊榮川
| 總 經 理 － 楊士清
| 總 編 輯 － 楊秀麗
| 地　　址：106 臺北市大安區和平東路二段339號4樓
| 電　　話：(02) 2705-5066　　傳　　真：(02) 2706-6100
| 網　　址：https://www.wunan.com.tw
| 電子郵件：wunan@wunan.com.tw
| 劃撥帳號：01068953
| 戶　　名：五南圖書出版股份有限公司
| 法律顧問　林勝安律師
| 出版日期　2025年6月初版一刷
| 定　　價　新臺幣380元

※ 版權所有‧欲利用本書內容，必須徵求本社同意 ※
本書圖片取自 shutterstock 網站圖庫。畫作則擷取自藝術作品搜尋工具「Artvee」，
收藏資訊請見書中 [線上藝術品─作品圖錄] 說明。

全新官方臉書
五南讀書趣
WUNAN Books since1966

Facebook 按讚
1秒變文青

五南讀書趣 Wunan Books

★ 專業實用有趣
★ 搶先書籍開箱
★ 獨家優惠好康

不定期舉辦抽獎贈書活動喔！！！

經典永恆・名著常在

五十週年的獻禮 —— 經典名著文庫

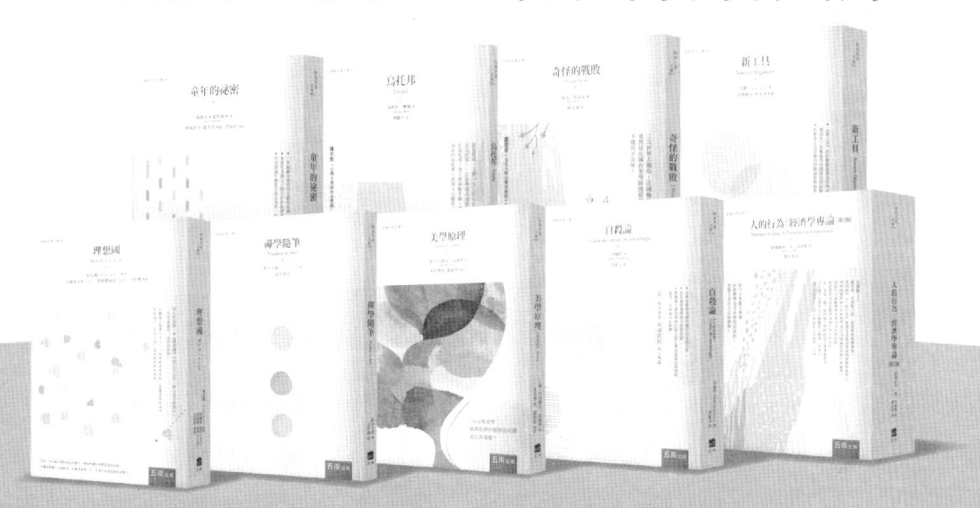

五南,五十年了,半個世紀,人生旅程的一大半,走過來了。
思索著,邁向百年的未來歷程,能為知識界、文化學術界作些什麼?
在速食文化的生態下,有什麼值得讓人雋永品味的?

歷代經典・當今名著,經過時間的洗禮,千錘百鍊,流傳至今,光芒耀人;
不僅使我們能領悟前人的智慧,同時也增深加廣我們思考的深度與視野。
我們決心投入巨資,有計畫的系統梳選,成立「經典名著文庫」,
希望收入古今中外思想性的、充滿睿智與獨見的經典、名著。
這是一項理想性的、永續性的巨大出版工程。
不在意讀者的眾寡,只考慮它的學術價值,力求完整展現先哲思想的軌跡;
為知識界開啟一片智慧之窗,營造一座百花綻放的世界文明公園,
任君遨遊、取菁吸蜜、嘉惠學子!